독자 1초를 아껴주는 정성!

—

세상이 아무리 바쁘게 돌아가더라도

책까지 아무렇게나 빨리 만들 수는 없습니다.

인스턴트 식품 같은 책보다는

오래 익힌 술이나 장맛이 밴 책을 만들고 싶습니다.

길벗이지톡은 독자여러분이 우리를 믿는다고 할 때 가장 행복합니다.

나를 아껴주는 어학도서, 길벗이지톡의 책을 만나보십시오.

독자의 1초를 아껴주는 정성을 만나보십시오.

미리 책을 읽고 따라해본 2만 베타테스터 여러분과 무따기 체험단, 길벗스쿨 엄마 2% 기획단,

시나공 평가단, 토익 배틀, 대학생 기자단까지!

믿을 수 있는 책을 함께 만들어주신 독자 여러분께 감사드립니다.

(주)도서출판 길벗 www.gilbut.co.kr

길벗 이지톡 www.gilbut.co.kr

길벗 스쿨 www.gilbutschool.co.kr

mp3 파일 다운로드 무작정 따라하기 ⊟

길벗 홈페이지(www.gilbut.co.kr)에서 mp3 파일 및 관련 자료를 다양하게 이용할 수 있습니다.

1단계 상단 검색창 [도서명 ▼] [　　　　　　　　　] [검색] 에 찾고자 하는 책이름을 입력하세요.

2단계 검색한 도서로 이동하여 <자료실> 탭을 클릭하세요.

3단계 mp3 실시간 재생/무료 다운로드 등 다양한 서비스를 받으세요.

구조부터 표현까지

영어
프레젠테이션
절대 공식

이상혁 지음

5 TYPE FORMULA

길벗
이지:톡

영어 프레젠테이션 절대 공식
The Absolute Formula for English Presentations

초판 발행 · 2023년 3월 2일

지은이 · 이상혁
발행인 · 이종원
발행처 · (주)도서출판 길벗
브랜드 · 길벗이지톡
출판사 등록일 · 1990년 12월 24일
주소 · 서울시 마포구 월드컵로 10길 56(서교동)
대표전화 · 02)332-0931 | **팩스** · 02)323-0586
홈페이지 · www.gilbut.co.kr | **이메일** · eztok@gilbut.co.kr

기획 및 책임편집 · 김지영(jiy7409@gilbut.co.kr) | **디자인** · 다즈랩 | **제작** · 이준호, 손일순, 이진혁
마케팅 · 이수미, 장봉석, 최소영 | **영업관리** · 심선숙 | **독자지원** · 윤정아, 최희창 | **교정교열** · 오수민
전산편집 · 기본기획 | **CTP 출력 및 인쇄** · 북솔루션 | **제본** · 북솔루션

ISBN 979-11-407-0335-7 03740
(길벗 도서번호 301143)

ⓒ 이상혁, 2023

정가 20,000원

독자의 1초까지 아껴주는 정성 길벗출판사

(주)도서출판 길벗 | IT실용서, IT/일반 수험서, IT전문서, 경제경영서, 취미실용서, 건강실용서, 자녀교육서
더퀘스트 | 인문교양서, 비즈니스서
길벗이지톡 | 어학단행본, 어학수험서
길벗스쿨 | 국어학습서, 수학학습서, 유아학습서, 어학학습서, 어린이교양서, 교과서

페이스북 · www.facebook.com/gilbutzigy
네이버 포스트 · http://post.naver.com/gilbuteztok
유튜브 · https://www.youtube.com/gilbuteztok

이 책의 특징

영어 프레젠테이션의 사전적 의미는 청중에게 새로운 상품, 작품 혹은 생각을 보여주거나 설명하는 영어 말하기이다. 즉, 발표자가 청중에게 말하고자 하는 논지Thesis를 영어로 설명하고 설득하는 것이다. 청중을 설득시키는 말하기의 본질은 납득이 가는 '논리적 내용'을 이해하기 쉬운 '정확한 표현'으로 전달하는 것이다. 따라서 이 책은 독자들의 영어 프레젠테이션 실력을 단기간에 집중적으로 향상시키기 위해, 아래 사항에 초점을 맞춘다.

❶ 논리적 구조 설계 방법을 제시한다.

논지를 효과적으로 전달하는 구조 설계 방법을 알려준다. 서론Introduction (배경Background + 논지Thesis + 소주제 소개Blueprint), 본론1Body-1 (소주제Topic + 근거Support), 본론2 (소주제 + 근거), 결론Conclusion (소주제 요약Summary + 논지 + 추가Addition)의 4개 문단으로 구조 설계를 하면 논리적 설득이 쉬워진다.

❷ 5가지 유형별 공식(포맷)을 제시한다.

영어 프레젠테이션은 크게 자기소개Introductory, 설득Persuasive, 설명Expository, 동기 부여Motivational, 의견 제시Opinion의 5가지 유형으로 구분된다. 각각의 경우에 해당하는 예시 프레젠테이션을 공식처럼 활용하고 훈련한다면, 장차 어떤 상황에서도 프레젠테이션을 잘할 수 있을 것이다.

❸ 정확하고 쉬운 영어 표현을 제시한다.

어려운 영어 표현을 쓴다고 영어 프레젠테이션을 잘하는 것은 결코 아니다. 쉽지만 정확한 영어 표현을 구사해야 청중의 이해를 돕는 효과적인 프레젠테이션이 될 수 있다. 각 유형별 프레젠테이션에 빈번하게 활용될 수 있는 다양한 영어 표현과 추가적 연습 문장을 제시한다.

결론적으로 이 책에서 제시된 영어 프레젠테이션의 공식에 따라 올바르게 이해하고 열심히 연습하면, 독자 여러분 모두가 단기간에 효과적인 영어 프레젠테이션 능력을 충분히 갖출 수 있을 것이다.

CONTENTS

Chapter 01

Introductory
Presentation | **자기소개 프레젠테이션**

Chapter 02

Persuasive
Presentation | **설득 프레젠테이션**

Chapter 03

Expository
Presentation | **설명 프레젠테이션**

Chapter 04

Motivational
Presentation | **동기 부여 프리젠테이션**

Chapter 05

Opinion
Presentation | **의견 제시 프레젠테이션**

영어 프레젠테이션의 본질은

논리적 말하기이다.

Prologue

오늘날 영어English는 서로 다른 국가와 문화에 속한 사람들 간의 원활한 의사소통을 위해 1차적으로 사용되는 언어 즉, 21세기의 링구아 프랑카Lingua Franca이다. 사실상 오늘날 세계어Global Language인 영어를 잘하는 사람들은 빠른 속도로 진행되고 있는 최신의 정보와 다양한 생각의 전 세계적 교류에 적극적으로 그리고 실시간으로 참여할 수 있다. 이에 반해, 영어를 못하는 사람들은 그러한 정보와 생각의 전 세계적 교류로부터 철저하게 배제될 수밖에 없다. 결국 영어 능력의 차이가 입학, 학업, 취업, 업무, 사업 등 한 개인이 일생 동안 마주하게 되는 중요한 삶의 고비고비마다 성공과 실패를 판가름하는 결정적인 요소라는 냉혹한 현실을 부정할 수 없다. 이러한 측면에서 영어 능력의 중요성은 아무리 강조해도 결코 지나치지 않다.

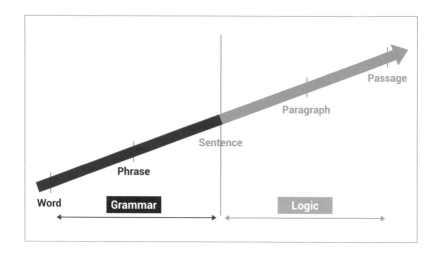

그렇다면 과연 '영어를 잘한다.'라는 말의 의미는 무엇일까? 아메리칸 항공 비행기를 타고 미국을 방문하여 입국 심사를 받는데 필요한 영어 회화 실력을 갖추면 영어를 잘하는 것일까? 뉴욕 맨해튼의 맥도날드 매장에서 빅맥버거 한 세트를 주문해서 한 끼의 식사를 해결할 수 있다면 충분한 것일까? 시애틀의 스타벅스 1호점을 방문해서 그란데 사이즈의 아메리카노 1잔은 물론 기념 텀블러까지도 구입할 수 있다면 괜찮은 것일까? 결코 그렇지 않다. '영어를 잘한다.'라는 말은 '일차적으로 단어Word와 구Phrase를 넘어 문장Sentence 차원에서, 더 나아가 궁극적으로는 문단Paragraph과 단락Passage 차원에서 듣기와 읽기는 물론 말하기와 글쓰기까지 자유롭게 할 수 있는 수준의 영어 능력을 갖춘 것'을 의미한다.

이 책은 문장 차원의 단순한 회화Conversation 교재가 아니다. 물론, 회화 실력의 향상에도 큰 도움이 될 것이다. 이 책의 목적은 영어 프레젠테이션Presentation 능력의 향상이다. 프레젠테이션의 사전적 의미는 "무엇에 관한 정보를 제공하는 말하기" 또는 "청중에게 새로운 상품, 생각 혹은 하나의 작품을 보여 주거나 설명하는 연설 혹은 말하기"이다. 좀 더 정확하게 설명하면, 프레젠테이션이란 형식Form적 측면에서는 (단어, 구, 문장, 문단의 차원을 넘어) 단락 차원에서 이루어지는 말하기Speaking 형식의 의사소통이고, 실체Substance적 측면에서는 (최소한 2개의 소주제Topic 및 각 소주제에 대한 충분한 근거Support와 함께) 자신의 논지Thesis를 청중에게 전달하는 것이다. 결국, 영어 프레젠테이션의 본질은 논리적 말하기Speaking Logically이다.

A Presentation?

"a talk giving information about something"　(Cambridge Dictionary)

"a speech or talk in which a new product, idea, or piece of work is shown and explained to an audience"　(Google Dictionary)

Form — a Spoken Communication **at the level of** Passage

Substance — a Thesis **(with 2** Topic**s and sufficient** Support**s)**

이 책의 가장 중요한 특징은 구체적인 예시를 통해 독자들로 하여금 영어 프레젠테이션이 과연 무엇인지를 보다 쉽게 그러나 정확하게 이해할 수 있도록 돕는 것이다. 형식적 측면에서, 단어와 구가 문법Grammar 규칙에 따라 어떻게 조합되어 문장이 되는지, 그리고 문장과 문단이 논리Logic 규칙에 따라 어떻게 조합되어 단락 차원의 프레젠테이션으로 완성되는지를 시각적으로 보여준다. 또한, 실체적 측면에서, 영어 프레젠테이션을 자기소개Introductory, 설득Persuasive, 설명Expository, 동기 부여Motivational, 의견 제시Opinion라는 5가지 유형으로 구분하고, 각각의 경우에 해당하는 구체적인 예시를 통해 논지, 소주제, 근거가 각각 무엇인지를 선명하게 보여준다. 이에 더해, 독자들의 편의를 위해, 영어와 (가급적 직역된) 한국어를 병기한다.

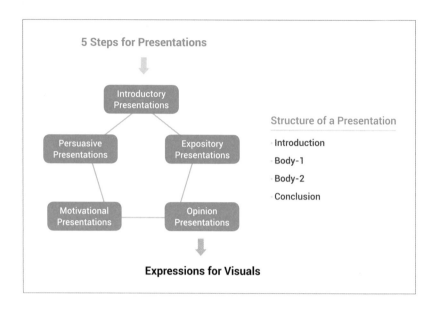

5 Steps for Presentations

Introductory Presentations

Persuasive Presentations

Expository Presentations

Motivational Presentations

Opinion Presentations

Structure of a Presentation

- Introduction
- Body-1
- Body-2
- Conclusion

Expressions for Visuals

먼저, 일정 수준 이상의 영어 프레젠테이션 실력을 이미 갖춘 독자들의 경우, 목차 순서에 상관없이 자신의 필요에 따라 이 책의 몇몇 부분만 읽어도 상관없다. 심지어 불과 몇 시간 동안 전체적인 내용을 훑어보는 것만으로도 큰 도움을 얻을 수 있다. 다만, 초급자 혹은 중급자 수준의 독자들의 경우, 발췌독이나 통독이 아니라 목차 순서에 따라 이 책 전체를 반드시 정독해야 한다. 특히, 제1장에 앞서 무엇보다 먼저 "프레젠테이션의 5단계5 Steps for Presentations" 부분을 여러 번 반복해서 꼼꼼하게 읽어야 한다. 본격적인 공부에 앞서, 영어 프레젠테이션의 구성 요소 및 논리 구조에 대한 기초적인 이해를 갖추기 위함이다. 결국, 학습의 효율성 측면에서 보자면, 이 책의 목차 순서에 따라서 정독하고 연습하는 것이 가장 바람직하다.

이에 더해, '시각 자료 관련 표현Expressions for Visuals' 부분을 추가적으로 공부해야 한다. 실제 현실에서는 애플의 키노트Keynote 혹은 마이크로소프트의 파워포인트PowerPoint와 같은 프로그램으로 만든 슬라이드Slide를 활용하여 영어 프레젠테이션을 진행하는 경우가 많다. 따라서, 도표, 그래프 등과 같은 다양한 시각 자료를 영어로 표현할 수 있어야 한다. 이로써, 영어 프레젠테이션을 통해 전달할 콘텐츠Contents에 대한 설명은 모두 마무리된다. 이제 남은 것은 오로지 지금껏 열심히 준비한 콘텐츠를 '어떻게 효과적으로 청중에게 전달Delivery할 것인가?'에 대한 고민뿐이다. 청중으로부터 보다 큰 공감을 이끌어 내기 위해서는, 결국 음성Voice, 표정Face, 자세Posture 등과 같은 비언어적 의사소통을 끊임없이 연습하는 방법밖에 없다.

이 책은 '자유의 확산Spread of Liberty'이라는 목표를 위해 필자가 설립한 '연구공간 자유The Institute for Liberty'의 네 번째 연구 결과물이다. 과연 '자유'와 '영어 프레젠테이션'이 무슨 관련이 있는 것일까? 지난 수천 년 동안 서양 사회에서는 이상적 인간을 양성하기 위한 7가지 기본 과목 즉, '인간을 (모든 속박과 억압으로부터) 자유롭게 해 주는 7가지 기술'을 가르쳤다. 그 중 가장 기초가 되는 3가지 과목Trivium이 문법Grammar, 논리Logic, 수사학Rhetoric이다. 영어 프레젠테이션의 이론적 토대가 바로 이 3가지 과목이다. 독자 여러분 한 사람 한 사람이 이 책을 통해 얻게 될 훌륭한 영어 프레젠테이션 능력을 기반으로 '보다 나은 세상'을 만드는데 조금이라도 기여하는 21세기의 진정한 자유인이 될 수 있기를 두 손 모아 진심으로 기원한다.

2023년 2월 연구공간 자유에서
(www.TheInstituteForLiberty.com)

이상혁

영어 능력의 차이가

입학, 학업, 취업, 업무, 사업 등

한 개인이 일생 동안 마주하게 되는

중요한 삶의 고비고비마다

성공과 실패를 판가름하는 결정적인 요소라는

냉혹한 현실을 부정할 수 없다.

영어 프레젠테이션은

최소한 2개의 '소주제' 및 각 소주제에 대한 충분한 '근거'와 함께

자신의 '논지'를 청중에게 전달하는 것이다.

5 Steps for Presentations

프레젠테이션의
5단계

*Pathos: 페이소스라고 불린다. 설득의 3가지 방법으로 각각 (1)이성에 호소하는 법*Logos*, (2) 감성에 호소하는
법*Pathos*, (3) 신뢰성 또는 윤리적 호소*Ethos*가 있다. 발표 시 비 언어적인 의사소통(음성, 표정, 자세 등)을 통해
청중에게 감성적으로 다가가 설득력을 높일 수 있다. (자세한 내용은 295p 참고)

1 Understanding
이해하기

이슈Issue를 파악하고, 이슈에 대한 자신의 주관적 의견인 논지Thesis를 결정하며, 이슈
와 논지 간에 연관성 평가Relevance Test를 진행한다.

- **이슈**Issue 논쟁의 대상 혹은 논란이 있는 주제이다.
- **논지**Thesis 논쟁의 대상 즉, 이슈에 대한 자신의 비판적 의견으로서, 프레젠테이션 전체를 통해
  전달하려는 하나의 생각이다.
- **연관성 평가**Relevance Test 논지가 제시된 이슈에 대해 직접적으로 연관되어 있는지 혹은 제
  시된 지시 사항에 대해 직접적인 답변이 되는지를 검증하는 것이다.

논지를 뒷받침하는 2가지 소주제Topic와 충분한 근거Support를 생각하고, 적절한 배경 Background과 추가Addition 진술을 준비한다.

Issue

Thesis

Topic

Support

Background

Addition

- **소주제**Topic 논지에 대한 '이유가 되는 주장'으로서, 본론의 각 문단이 담고 있는 하나의 생각이다.

- **근거**Support 객관적 '사실'에 기반하며, 주관적 '의견'인 소주제를 뒷받침하는 것이다. 예시, 통계 자료, 전문가 의견, 사례 연구, 일화, 시각 자료, 가상 사례, 실험 결과, 문헌 자료 등 다양한 근거 제시 방법이 있다.

- **배경**Background 서론의 구성 요소 중 하나로서, 논쟁의 대상인 이슈를 드러내고 청중의 관심을 불러일으키는 내용이다.

- **추가**Addition 결론의 구성 요소 중 하나로서, 자신의 주장을 부정하지 않는 범위 내에서 자연스럽게 마무리하도록 도와주는 내용이다.

3 Outlining
개요짜기

연관성 평가Relevance Test, 논증성 평가Why Test, 균형성 평가Parallelism Test라는 3가지
평가를 통해 논지, 소주제, 근거 간의 논리적 흐름을 검증한다.

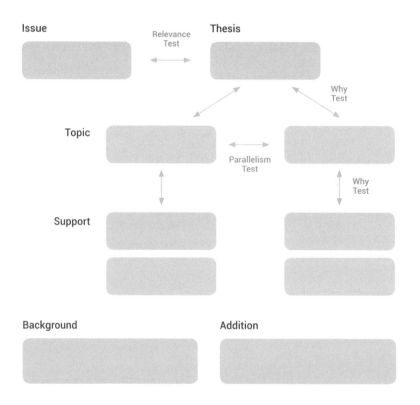

- **연관성 평가**Relevance Test 논지가 제시된 이슈에 대해 직접적으로 연관되어 있는지 혹은 제
  시된 지시 사항에 대해 직접적인 답변이 되는지를 검증하는 것이다.
- **논증성 평가**Why Test 논지, 소주제, 근거 간에 '왜?'와 '왜냐하면'이라는 논증 관계가 성립하는
  지를 검증하는 것이다.
- **균형성 평가**Parallelism Test 2가지 소주제가 본질적으로 그리고 형식적으로 서로 간에 대등하
  고 균형적인지 여부를 검증하는 것이다.

4 Preparing for Q&A
질문과 답변 준비하기

'자신이 잘 답변할 수 있는 것'을 청중이 질문Question할 수밖에 없도록 적극적으로 유도하고, 그 질문에 대한 충분한 답변Answer을 미리 준비한다.

5 Speaking
말하기

Introduction		Background	Thesis	Blueprint
Body-1	Connective	Topic	Support	Support
Body-2	Connective	Topic	Support	Support
Conclusion	Connective	Summary	Thesis	Addition

3단계 '개요짜기'를 통해 완성된 논지, 소주제, 근거, 배경, 추가 등의 추상적 '생각'을 문장Sentence이라는 구체적 '표현'으로 변경하여 말한다. 다만, 논리적으로 서론 Introduction (배경＋논지＋소주제 소개Blueprint), 본론Body－1 (소주제＋근거), 본론－2 (소주제＋근거), 결론Conclusion (소주제 요약Summary＋논지＋추가)이라는 4개의 문단 Paragraph으로 구성된 1개의 단락Passage 형태로 말해야 한다. 특히, 본론－1, 본론－2, 결론은 각각 논리적 흐름을 분명하게 보여 주는 연결어Connective로 시작한다.

- **문장**Sentence 2개 이상의 단어 혹은 구를 문법 규칙에 따라 조합하여, 하나의 생각을 전달하는 것이다.

- **문단**Paragraph 2개 이상의 문장을 논리 규칙에 따라 조합하여, 하나의 생각을 전달하는 것이다.

- **단락**Passage 2개 이상의 문단을 논리 규칙에 따라 조합하여, 하나의 생각을 전달하는 것이다.

- **서론**Introduction 형식적으로는 첫 번째 문단을 지칭하고, 본질적으로는 배경, 논지, 소주제 소개라는 3요소를 통해 프레젠테이션 전체를 한 눈에 미리 언급하는 것. 이슈를 제기하고, 그 이슈에 대한 자신의 논지가 무엇인지 밝히며, 자신의 논지가 어떤 소주제를 통해 어느 방향으로 논증될 지를 미리 소개한다.

- **소주제 소개**Blueprint 본론에서 제시될 소주제를 미리 소개하는 것이다.

- **본론**Body 형식적으로는 서론 뒤에 그리고 결론 앞에 위치한 (4-문단 형식의 경우) 두 번째, 세 번째 문단을 지칭하고, 본질적으로는 소주제와 근거라는 2요소로 구성되어 논지에 대한 이유가 되는 하나의 소주제를 각각 담은 문단 2개를 통칭한다.

- **결론**Conclusion 형식적으로는 (4-문단 형식의 경우) 네 번째 문단을 지칭하고, 본질적으로는 소주제 요약, 결론, 추가라는 3요소를 통해 글 전체를 다시 한번 한 눈에 보여 주고 프레젠테이션을 자연스럽게 마무리하는 것이다.

- **소주제 요약**Summary 본론에서 제시했던 소주제를 추후에 요약하는 것이다.

- **연결어**Connective 논리적 흐름을 분명하게 보여 주는 지시 등의 역할을 하는 것이다.

<영어 프레젠테이션 절대 공식>의 가장 중요한 특징은

구체적인 예시를 통해 독자들로 하여금

영어 프레젠테이션이 과연 무엇인지를

보다 쉽게 그러나 정확하게 이해할 수 있도록 돕는 것이다.

Introductory Presentations

Chapter

01

자기소개
프레젠테이션

1 스크립트 미리 보기

Read the following script at least 3 times, loudly and clearly.
다음 스크립트를 최소 3번, 큰 소리로 또렷하게 읽으세요.

🎧 001.mp3

It is my honor to be here as a candidate to become a new member of the Student Startup Team. Above all, I want to express my deepest appreciation to each one of you for giving me a chance to have an interview. I am Jonathan Wilson, a sophomore majoring in business administration. Just call me Jon. Let me introduce myself briefly.

First of all, I am an active listener. For the past 5 years, I have worked as a volunteer not only listening to complaints by orphans but also actively finding solutions. As you know well, active listening is a key to teamwork, which is a requirement for a startup to succeed. As an active listener, I can make all the members work as a single team.

In addition, I am a fast implementer. Last year, I waged a campus-wide campaign to help refugee students from Venezuela. In fact, it took only 1 week for me to convert a vague idea into a successful reality. Fast implementation is another requirement for a startup to succeed. As a fast implementer, I can make our idea a great success.

In short, I am Jon, an active listener and fast implementer. As all of us already know well, the team is everything especially for a startup. Remember this: Jonathan Wilson is the very person to make the Student Startup Team complete and great. I am looking forward to making friends with each one of you. Thank you for your attention.

1-1 개요짜기

Complete the outlining sheet, based on the script.
스크립트에 근거해서, 개요짜기 시트를 완성하세요.

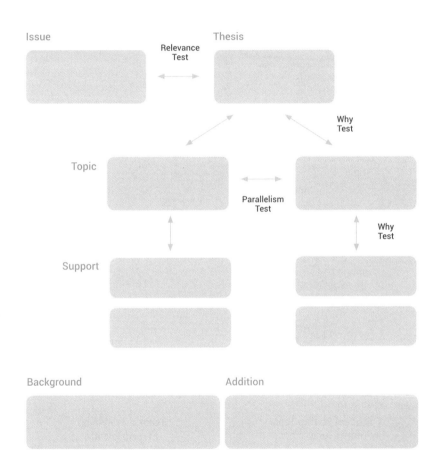

1-2 개요짜기 비교하기

Compare your own outlining sheet with the following one.
당신이 직접 작성한 개요짜기 시트를 아래의 것과 비교하세요.

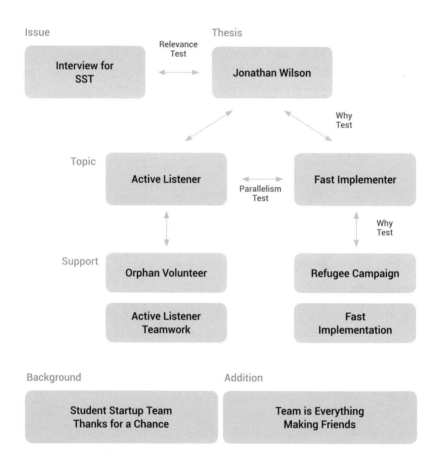

1-3 해석 살펴보기

Read carefully the following translation in Korean.
다음 한국어 번역을 꼼꼼하게 읽으세요.

"'학생창업팀' 신규 멤버 인터뷰" 관련 자기소개

'학생창업'팀'의 신규 멤버가 되기 위한 후보자로서 여기에 온 것은 저에게 영광입니다. 무엇보다도, 인터뷰 기회를 저에게 주신 여러분 한 사람 한 사람에게 깊은 감사를 표하고 싶습니다. 저는 경영학을 전공하고 있는 2학년 조나단 윌슨입니다. 그냥 저를 존이라고 부르세요. 간단히 저를 소개하겠습니다.

우선, 저는 적극적 경청자입니다. 지난 5년 동안, 저는 고아들의 불만을 들어줄 뿐만 아니라 적극적으로 해결책도 찾는 자원봉사자로 일했습니다. 여러분이 잘 아시는 바와 같이, 적극적 경청은 창업 기업의 성공을 위한 필요조건인 팀워크의 비결입니다. 적극적 경청자로서, 저는 모든 멤버들이 단일팀으로 일하도록 만들 수 있습니다.

이에 더해, 저는 재빠른 실행자입니다. 작년에, 저는 베네수엘라 난민 학생들을 돕기 위한 교내 캠페인을 벌였습니다. 사실, 제가 막연한 생각을 성공적인 현실로 전환하는데, 단지 1주일만 걸렸습니다. 재빠른 실행은 창업 기업의 성공을 위한 또 다른 필요조건입니다. 재빠른 실행자로서, 저는 우리의 생각을 위대한 성공으로 만들 수 있습니다.

요컨대, 저는 적극적 경청자이자 재빠른 실행자인 존입니다. 우리 모두가 이미 잘 알고 있는 바와 같이, 특히 창업 기업에게 팀은 전부입니다. 이것만 기억하세요. 조나단 윌슨은 '학생창업팀'을 완벽하고 위대하게 만들 바로 그 사람입니다. 저는 여러분 한 사람 한 사람과 친구가 되길 고대하고 있습니다. 주목해주셔서 감사합니다.

☑ 설립된 지 오래되지 않은 신생 벤처기업을 의미하는 명사 'Startup' 혹은 'Start-up'은 흔히 '창업', '창업기업', '신생 기업', '스타트업' 등의 한국어로 번역된다.

2 서론

Dissect the paragraph below into the basic elements of an introduction.
아래 문단을 서론의 기본 요소별로 해부해 보세요.

⌕ 002.mp3

It is my honor to be here as a candidate to become a new member of the Student Startup Team. Above all, I want to express my deepest appreciation to each one of you for giving me a chance to have an interview. I am Jonathan Wilson, a sophomore majoring in business administration. Just call me Jon. Let me introduce myself briefly.

Background 배경

It is my honor to be here as a candidate to become a new member of the Student Startup Team.
'학생창업팀'의 신규 멤버가 되기 위한 후보자로서 여기에 온 것은 저에게 영광입니다.

Above all, I want to express my deepest appreciation to each one of you for giving me a chance to have an interview.
무엇보다도, 인터뷰 기회를 저에게 주신 여러분 한 사람 한 사람에게 깊은 감사를 표하고 싶습니다.

Thesis 논지

I am Jonathan Wilson, a sophomore majoring in business administration. Just call me Jon.
저는 경영학을 전공하고 있는 2학년 조나단 윌슨입니다. 그냥 저를 존이라고 부르세요.

Blueprint 소주제 소개

Let me introduce myself briefly.
간단히 저를 소개하겠습니다.

2-1 서론 속 표현

🎧 003.mp3

1. It is my honor to **be here as a candidate.**
후보자로서 여기에 온 것은 저에게 영광입니다.

'A하는 것은 나의 영광이다'를 의미하는 'It is my honor to A'는 특히 감사함, 영광스러움 등의 감정을 전달할 때 자주 쓰이는 영어 표현이다.

It is my honor to **meet you.**
여러분들을 만나게 된 것은 저에게 영광입니다.

It is my honor to **have an interview.**
인터뷰를 하게 된 것은 저에게 영광입니다.

It is my honor to **be invited.**
초대된 것은 저에게 영광입니다.

It is my honor to **work with you.**
여러분들과 함께 일하게 된 것은 저에게 영광입니다.

It is my honor to **be your team member.**
여러분 팀의 멤버가 되는 것은 저에게 영광입니다.

It is my honor to **see you in person.**
직접 (대면해서) 보게 된 것은 저에게 영광입니다.

☑ voca
honor 영광
candidate 후보자
interview 인터뷰
invite 초대하다
in person 직접

2. I want to express my deepest appreciation to you.
여러분에게 깊은 감사를 표하고 싶습니다.

'Thank'에 비해, 'I want to express my deepest appreciation to A'는 A에 대한 감사함을 좀 더 정중하게 전달할 때 자주 쓰이는 영어 표현이다.

I want to express my deepest appreciation to each one of you.
여러분 한 사람 한 사람에게 깊은 감사를 표하고 싶습니다.

I want to express my deepest appreciation to my parents.
저의 부모님께 깊은 감사를 표하고 싶습니다.

I want to express my deepest appreciation to my family.
제 가족에게 깊은 감사를 표하고 싶습니다.

I want to express my deepest appreciation to my boss.
저의 상사께 깊은 감사를 표하고 싶습니다.

I want to express my deepest appreciation to my wife.
제 아내에게 깊은 감사를 표하고 싶습니다.

I want to express my deepest appreciation to my professor.
저의 교수님께 깊은 감사를 표하고 싶습니다.

☑ voca
express 표현하다
appreciation 감사
family 가족
boss 상사
professor 교수

🎧 005.mp3

3. Thank you for giving me a chance to have an interview.
인터뷰를 할 수 있는 기회를 주서서 감사합니다.

'Thank you for giving me a chance to A'는 A를 할 수 있는 기회를 준 것에 대해 상대방에게 감사함을 전달할 때 자주 쓰이는 영어 표현이다.

Thank you for giving me a chance to meet you.
여러분을 만날 수 있는 기회를 주서서 감사합니다.

Thank you for giving me a chance to speak.
발언할 수 있는 기회를 주서서 감사합니다.

Thank you for giving me a chance to visit.
방문할 수 있는 기회를 주서서 감사합니다.

Thank you for giving me a chance to introduce myself.
저를 소개할 수 있는 기회를 주서서 감사합니다.

Thank you for giving me a chance to present my opinion.
제 의견을 프레젠테이션할 수 있는 기회를 주서서 감사합니다.

Thank you for giving me a chance to be a new member of the team.
팀의 신규 멤버가 될 수 있는 기회를 주서서 감사합니다.

☑ voca
chance 기회
interview 인터뷰, 면접
speak 발언하다
visit 방문하다
opinion 의견

4. I am Johnathan Wilson, a sophomore.
저는 2학년 조나단 윌슨입니다.

이름과 함께 학년, 직책, 직업 등을 설명하는 'I am (이름name), (학년grade, 직책 position, 직무job, etc.).'은 자기 자신을 소개할 때 자주 쓰이는 영어 표현이다.

I am John Jackson, a freshman.
저는 1학년(신입생) 존 잭슨입니다.

I am Philip Kim, a junior.
저는 3학년 필립 김입니다.

I am Eunice Lee, a senior.
저는 4학년 유니스 리입니다.

I am Arden Choi, a graduate student.
저는 대학원생 아든 최입니다.

I am Bradley Yoon, a Ph.D. candidate.
저는 박사 과정생(박사 학위 후보자) 브래들리 윤입니다.

I am Samuel Peterson, a professor of economics.
저는 경제학 교수 사무엘 피터슨입니다.

☑ voca
freshman 신입생
graduate student 대학원생
Ph.D. candidate 박사 과정생
professor 교수

🎧 007.mp3

5. I am a sophomore majoring in business.
저는 **경영학**을 전공하고 있는 **2학년 학생**입니다.

전공 중인 학문 분야와 현재 학년을 설명하는 'I am (학년grade) majoring in (학문 분야academic discipline)'는 자기 자신을 소개할 때 자주 쓰이는 영어 표현이다.

I am a freshman majoring in political science.
저는 **정치학**을 전공하고 있는 **1학년 학생**입니다.

I am a junior majoring in English literature.
저는 **영문학**을 전공하고 있는 **3학년 학생**입니다.

I am a senior majoring in history.
저는 **역사학**을 전공하고 있는 **4학년 학생**입니다.

I am a graduate student majoring in electronic engineering.
저는 **전자공학**을 전공하고 있는 **대학원생**입니다.

I am a Ph.D. candidate majoring in biology.
저는 **생물학**을 전공하고 있는 **박사 과정생(박사 학위 후보생)**입니다.

I am a postdoctoral researcher majoring in chemistry.
저는 **화학**을 전공하고 있는 **박사 후 연구원**입니다.

☑ voca
academic discipline 학문 분야
business 경영(학)
literature 문학
history 역사(학)
biology 생물학
chemistry 화학

6. Let me introduce myself briefly.
저를 간단히 소개하겠습니다.

'I want to introduce A' 혹은 'I will introduce A'에 비해, 'Let me introduce A'는
좀 더 정중하게 소개할 때 쓰이는 영어 표현이다.

Let me introduce **my team briefly.**
저의 팀을 간단히 소개하겠습니다.

Let me introduce **my family in brief.**
저의 가족을 간단히 소개하겠습니다.

Let me introduce **my friend in short.**
저의 친구를 간단히 소개하겠습니다.

Let me introduce **all my colleagues in detail.**
저의 모든 동료들을 상세하게 소개하겠습니다.

Let me introduce **my husband briefly.**
저의 남편을 간단히 소개하겠습니다.

Let me introduce **my wife in short.**
저의 아내를 간단히 소개하겠습니다.

☑ voca
introduce 소개하다
colleague 동료

2-2 서론 확인 퀴즈

Fill in the blanks with the appropriate words below.
적절한 단어로 아래 빈칸을 채우세요.

Background 배경   ∩ 009.mp3

It is my 1_____ to be here as a candidate to become a new member of the Student Startup Team.
'학생창업팀'의 신규 멤버가 되기 위한 후보자로서 여기에 온 것은 저에게 영광입니다.

Above all, I want to 2_____ my deepest 3_____ to each one of you for giving me a 4_____ to have an interview.
무엇보다도, 인터뷰 기회를 저에게 주신 여러분 한 사람 한 사람에게 깊은 감사를 표하고 싶습니다.

Thesis 논지

5_____ Jonathan Wilson, a sophomore 6_____ business administration. Just call me Jon.
저는 경영학을 전공하고 있는 2학년 조나단 윌슨입니다. 그냥 저를 존이라고 부르세요.

Blueprint 소주제 소개

7_____ introduce myself briefly.
간단히 저를 소개하겠습니다.

☑ Answer
1 honor
2 express
3 appreciation
4 chance
5 I am
6 majoring in
7 Let me

35

3 본론 1

Dissect the paragraph below into the basic elements of a body.
아래 문단을 본론의 기본 요소별로 해부해 보세요.

🎧 010.mp3

First of all, I am an active listener. For the past 5 years, I have worked as a volunteer not only listening to complaints by orphans but also actively finding solutions. As you know well, active listening is a key to teamwork, which is a requirement for a startup to succeed. As an active listener, I can make all the members work as a single team.

Topic 소주제

First of all, I am an active listener.
우선, 저는 적극적 경청자입니다.

Support 근거

For the past 5 years, I have worked as a volunteer not only listening to complaints by orphans but also actively finding solutions.
지난 5년 동안, 저는 고아들의 불만을 들어줄 뿐만 아니라 적극적으로 해결책도 찾는 자원봉사자로 일했습니다.

As you know well, active listening is a key to teamwork, which is a requirement for a startup to succeed.
여러분이 잘 아시는 바와 같이, 적극적 경청은 창업 기업의 성공을 위한 필요조건인 팀워크의 비결입니다.

As an active listener, I can make all the members work as a single team.
적극적 경청자로서, 저는 모든 멤버들이 단일팀으로 일하도록 만들 수 있습니다.

3-1 본론 1 속 표현

🎧 011.mp3

1. First of all, I am an active listener.
우선, 저는 적극적 경청자입니다.

'우선' 혹은 '가장 먼저'를 의미하는 'First of all'은 논지를 뒷받침하는 첫 번째 소주제를 제시할 때 자주 쓰이는 연결어 영어 표현이다.

First of all, I am a careful observer.
우선, 저는 세심한 관찰자입니다.

First of all, I am a critical writer.
우선, 저는 비판적인 작가입니다.

First of all, I am an attentive reader.
우선, 저는 주의를 기울이는 독자입니다.

First of all, I am a considerate leader.
우선, 저는 사려 깊은 지도자입니다.

First of all, I am a polite learner.
우선, 저는 공손한 학습자입니다.

First of all, I am a sympathetic activist.
우선, 저는 공감하는 활동가입니다.

☑ voca
critical 비판적인
attentive 주의를 기울이는
considerate 사려 깊은
polite 공손한
sympathetic 공감하는

2. For the past 5 years, I have worked as a volunteer.
지난 5년 동안, 저는 자원봉사자로 일했습니다.

'For the past A, I have worked as (직무job, 직책position, etc.)'는 지난 A라는 기간 동안 자신의 경력, 경험 등을 설명할 때 자주 쓰이는 영어 표현이다.

For the past 9 years, I have worked as a teacher.
지난 9년 동안, 저는 교사로 일했습니다.

For the past 3 years, I have worked as an assistant professor.
지난 3년 동안, 저는 조교수로 일했습니다.

For the past 2 decades, I have worked as a musician.
지난 20년 동안, 저는 음악가로 일했습니다.

For the past 8 months, I have worked as a financial analyst.
지난 8개월 동안, 저는 금융분석사로 일했습니다.

For the past 6 months, I have worked as a policeman.
지난 6개월 동안, 저는 경찰관으로서 일했습니다.

For the past 3 weeks, I have worked as a public servant.
지난 3주 동안, 저는 공무원으로 일했습니다.

☑ voca
assistant professor 조교수
financial analyst 금융분석사
public servant 공무원

🎧 013.mp3

3. I not only listen to complaints but also find solutions.
저는 불평을 들어줄 뿐만 아니라 해결책도 찾습니다.

'A 뿐만 아니라 B도'를 의미하는 'not only A but also B'는 A와 B 2가지 모두를 함께 언급하면서도 B를 좀 더 강조할 때 자주 쓰이는 영어 표현이다.

I not only receive complaints from customers but also take measures. 저는 소비자로부터 불만을 접수할 뿐만 아니라 조치도 취합니다.

I not only listen to complaints passively but also raise ones actively. 저는 수동적으로 불평을 들어줄 뿐만 아니라 능동적으로 제기도 합니다.

I not only like him but also respect him.
저는 그를 좋아할 뿐만 아니라 (그를) 존경하기도 합니다.

I not only listen to the song but also sing the song.
저는 그 노래를 들을 뿐만 아니라 (그 노래를) 부르기도 합니다.

I not only get up early but also take a shower.
저는 아침 일찍 일어날 뿐만 아니라 샤워도 합니다.

I not only work as an entrepreneur but also study as a student.
저는 사업가로서 일할 뿐만 아니라 학생으로서 공부도 합니다.

☑ voca
complaint 불평
measure 조치
passively 수동적으로
actively 능동적으로
respect 존경하다
entrepreneur 사업가

4. Active listening is a key to teamwork.
적극적 경청은 팀워크의 비결입니다.

'A는 B의 열쇠 혹은 비결이다'를 의미하는 'A is a key to B'는 특히, A가 B를 가능하게 하는 핵심 요소임을 설명할 때 자주 쓰이는 영어 표현이다.

A positive attitude is a key to success.
긍정적인 태도는 성공의 비결입니다.

Sympathetic trust is a key to friendship.
공감하는 신뢰는 우정의 비결입니다.

Emotional support is a key to love.
정서적 지지는 사랑의 비결입니다.

Repetitive practice is a key to learning.
반복적 연습은 학습의 비결입니다.

Creative imagination is a key to entrepreneurship.
창의적 상상력은 기업가 정신의 비결입니다.

Everlasting patience is a key to a happy marriage.
영원한 인내는 행복한 결혼 생활의 비결입니다.

☑ voca
friendship 우정
learning 학습
entrepreneurship 기업가 정신
patience 인내

5. **Teamwork** is a requirement for a **startup** to succeed.
팀워크는 창업 기업의 성공을 위한 필요조건입니다.

'A는 B의 성공에 필요조건이다'를 의미하는 'A is a requirement for B to succeed'
는 특히 A의 중요성을 강조할 때 쓰이는 영어 표현이다.

Setting feasible goals is a requirement for a company to
succeed. 실현 가능한 목표의 설정은 기업의 성공을 위한 필요조건입니다.

Sportsmanship is a requirement for a sports team to succeed.
스포츠맨 정신은 스포츠팀의 성공을 위한 필요조건입니다.

Innovation is a requirement for a unicorn company to succeed.
혁신은 유니콘 기업의 성공을 위한 필요조건입니다.

Good manpower is a requirement for a small company to
succeed. 좋은 인력은 소기업의 성공을 위한 필요조건입니다.

R&D is a requirement for a medium-sized firm to succeed.
연구 개발은 중견 기업의 성공을 위한 필요조건입니다.

An efficient operation is a requirement for a global company
to succeed. 효율적 (기업) 운영은 글로벌 기업의 성공을 위한 필요조건입니다.

☑ voca
Innovation 혁신
unicorn company 유니콘 기업
(기업 가치가 10억 달러 이상 신생 기업)
small company 소기업
medium-sized firm 중견 기업
global company 글로벌 기업

6. I can make all the members work as a single team.
저는 모든 멤버들이 단일팀으로 일하도록 만들 수 있습니다.

'A로 하여금 B를 하도록 하다'를 의미하는 'make A B'는 문장의 주어가 어떤 대상(A)에게 어떤 행동(B)을 시킬 때 쓰이는 영어 표현이다.

You can make your children be quiet.
당신은 당신의 아이들이 조용하도록 만들 수 있습니다.

I cannot make my friend buy your book.
저는 저의 친구가 당신의 책을 사도록 할 수는 없습니다.

I want to make your team work more efficiently.
저는 당신 팀이 더 효율적으로 일하도록 만들고 싶습니다.

My boss made me write an e-mail to you.
저의 상사는 제가 당신에게 이메일을 쓰도록 만들었습니다.

I will make Jane invite you to the party.
저는 제인이 당신을 파티에 초대하도록 만들겠습니다.

Joe makes his secretary prepare a report.
조는 그의 비서에게 보고서를 준비하도록 시킵니다.

☑ voca
quiet 조용한
efficiently 효율적으로
invite 초대하다
secretary 비서

3-2 본론 1 확인 퀴즈

Fill in the blanks with the appropriate words below.
적절한 단어로 아래 빈칸을 채우세요.

Topic 소주제   🎧 017.mp3

1_____, I am an active listener.

우선, 저는 적극적 경청자입니다.

Support 근거

2_____ 5 years, I have worked as a volunteer 3_____
listening to complaints by orphans 4_____ actively finding
solutions.

지난 5년 동안, 저는 고아들의 불만을 들어줄 뿐만 아니라 적극적으로 해결책도 찾는 자원봉사자로 일
했습니다.

As you know well, active listening is a 5_____ teamwork, which
is a 6_____ a startup to succeed.

여러분이 잘 아시는 바와 같이, 적극적 경청은 창업 기업의 성공을 위한 필요조건인 팀워크의 비결입니
다.

As an active listener, I can 7_____ all the members work as a single
team.

적극적 경청자로서, 저는 모든 멤버들이 단일팀으로 일하도록 만들 수 있습니다.

✓ Answer
1 First of all
2 For the past
3 not only
4 but also
5 key to
6 requirement for
7 make

4 본론 2

Dissect the paragraph below into the basic elements of a body.
아래 문단을 본론의 기본 요소별로 해부해 보세요.

🎧 018.mp3

In addition, I am a fast implementer. Last year, I waged a campus-wide campaign to help refugee students from Venezuela. In fact, it took only 1 week for me to convert a vague idea into a successful reality. Fast implementation is another requirement for a startup to succeed. As a fast implementer, I can make our idea a great success.

Topic 소주제

In addition, I am a fast implementer.
이에 더해, 저는 재빠른 실행자입니다.

Support 근거

Last year, I waged a campus-wide campaign to help refugee students from Venezuela.
작년에, 저는 베네수엘라 난민 학생들을 돕기 위한 교내 캠페인을 벌였습니다.

In fact, it took only 1 week for me to convert a vague idea into a successful reality.
사실, 제가 막연한 생각을 성공적인 현실로 전환하는데, 단지 1주일만 걸렸습니다.

Fast implementation is another requirement for a startup to succeed. As a fast implementer, I can make our idea a great success.
재빠른 실행은 창업 기업의 성공을 위한 또 다른 필요조건입니다. 재빠른 실행자로서, 저는 우리의 생각을 위대한 성공으로 만들 수 있습니다.

4-1 본론 2 속 표현

🎧 019.mp3

1. In addition, I am a fast implementer.
이에 더해, 저는 재빠른 실행자입니다.

'이에 더해, 게다가'를 의미하는 'In addition'은 논지를 뒷받침하는 두 번째 소주제를 제시할 때 자주 쓰이는 연결어 영어 표현이다.

In addition, I am an early adopter.
이에 더해, 저는 얼리 어답터입니다.

In addition, I am a fast follower.
이에 더해, 저는 빠른 추격자입니다.

In addition, I am a creative developer.
이에 더해, 저는 창의적인 개발자입니다.

In addition, I am a meticulous editor.
이에 더해, 저는 꼼꼼한 편집자입니다.

In addition, I am a scrupulous businessman.
이에 더해, 저는 양심적인 기업인입니다.

In addition, I am a persistent challenger.
이에 더해, 저는 끈질긴 도전자입니다.

☑ voca
creative 창의적인
meticulous 꼼꼼한
scrupulous 세심한
persistent 끈질긴

2. I waged a campaign to help refugee students.
저는 난민 학생들을 돕기 위한 캠페인을 벌였습니다.

'A를 돕는 캠페인을 벌이다'를 의미하는 'wage a campaign to help A'는 누군가를 돕는 조직적 활동을 설명할 때 자주 쓰이는 영어 표현이다.

My friend waged a campaign to help orphans.
저의 친구는 고아들을 돕기 위한 캠페인을 벌였습니다.

Several global companies waged a campaign to help Ukraine.
몇몇 글로벌 기업들은 우크라이나를 돕기 위한 캠페인을 벌였습니다.

My church waged a campaign to help the homeless.
제가 다니는 교회는 노숙자들을 돕기 위한 캠페인을 벌였습니다.

Some newspapers waged a campaign to help the poor.
일부 신문사는 가난한 사람들을 돕기 위한 캠페인을 벌였습니다.

Save the Children waged a campaign to help children in need.
세이브더칠드런은 궁핍한 어린이들을 돕기 위한 캠페인을 벌였습니다.

A local charity waged a campaign to help migrant workers.
지역의 한 자선 단체는 이주 노동자들을 돕기 위한 캠페인을 벌였습니다.

☑ voca
refugee 난민
homeless 노숙자의
in need 궁핍한
charity 자선 단체
migrant 이주자

🎧 021.mp3

3. It took 1 week for me to make an idea a reality.
제가 생각을 현실로 만드는데, 1주일이 걸렸습니다.

'내가 B하는데 A 기간이 걸리다'를 의미하는 'It takes A for me to B'는 행동(B)을 취하는데 소요되는 기간(A)을 설명할 때 쓰이는 영어 표현이다.

It took 2 days for me to make a plan.
제가 계획을 짜는데, 2일이 걸렸습니다.

It took 1 hour for me to make a decision.
제가 의사결정을 하는데, 1시간이 걸렸습니다.

It took 3 days for me to make a fool of him.
제가 그를 웃음거리로 만드는데, 3일이 걸렸습니다.

It took 1 month for me to make the project a success.
제가 그 프로젝트를 성공시키는데, 1달이 걸렸습니다.

It took 1 year for me to make friends with him.
제가 그와 친구가 되는데, 1년이 걸렸습니다.

It took 2 weeks for me to make a new habit to get up early.
제가 아침 일찍 일어나는 새로운 습관을 만드는데, 2주가 걸렸습니다.

☑ voca
decision 의사결정
fool 바보
habit 습관

4. I converted a vague idea into a successful reality.

저는 막연한 생각을 성공적인 현실로 전환했습니다.

'Convert A into B'는 어떤 대상(A)을 형태, 성격, 기능 등이 전혀 다른 대상(B)으로 완전하게 변경하는 것을 설명할 때 쓰이는 영어 표현이다.

This recorder converted my voice into digital code.

이 녹음기는 저의 음성을 디지털 코드로 전환했습니다.

You converted 10 feet into 3.048 meters.

당신은 10피트를 3.048미터로 전환했습니다.

This device converted 30 degrees Celsius into 86 degrees Fahrenheit. 이 장치는 섭씨 30도를 화씨 86도로 전환했습니다.

She converted a novel into a screenplay.

그녀는 소설을 영화 대본으로 전환했습니다.

My father converted a deserted barn into a beautiful house.

저의 아버지는 버려진 헛간을 아름다운 집으로 바꾸었습니다.

My mother converted an old table into a new ironing board.

저의 어머니는 낡은 테이블을 새로운 다리미판으로 바꾸었습니다.

☑ voca
digital 디지털
Celsius 섭씨
Fahrenheit 화씨
screenplay 영화 대본
deserted 버려진
barn 헛간

🎧 023.mp3

5. Implementation is another requirement for success.
실행은 성공을 위한 또 다른 필요조건입니다.

'A is another requirement for B'는 A가 B를 위한 또 다른 필요조건일 만큼 중요하고 필수적이라는 것을 강조할 때 쓰이는 영어 표현이다.

Diligence is another requirement for a career.
성실함은 직장 생활을 위한 또 다른 필요조건입니다.

Devotion is another requirement for a successful founder.
헌신은 성공적인 창업자를 위한 또 다른 필요조건입니다.

Integrity is another requirement for a long-term relationship.
진실함은 장기적인 관계를 위한 또 다른 필요조건입니다.

Honesty is another requirement for reliable leadership.
정직은 신뢰할 수 있는 통솔력을 위한 또 다른 필요조건입니다.

Passion is another requirement for true love.
열정은 진실한 사랑을 위한 또 다른 필요조건입니다.

Effort is another requirement for academic achievement.
노력은 학문적 성취를 위한 또 다른 필요조건입니다.

☑ voca
diligence 성실함
founder 창업자
devotion 헌신
integrity 진실함
honesty 정직함
reliable 신뢰할만한
passion 열정
effort 노력

6. As a fast implementer, I made a great success.
재빠른 실행자로서, 저는 위대한 성공을 했습니다.

'A로서, 내가 B하다'를 의미하는 'As A, I B'는 A라는 직위/입장/자격으로서, B라는 행동을 취했음을 설명할 때 쓰이는 영어 표현이다.

As a down-to-earth engineer, I made a specific action plan.
현실적인 엔지니어로서, 저는 구체적인 실행 방안을 만들었습니다.

As a proposer of the plan, I made a schedule.
그 계획의 제안자 중 한 사람으로서, 저는 일정표를 만들었습니다.

As the director of marketing, I launched a project team.
마케팅 담당 이사로서, 저는 프로젝트 팀을 출범시켰습니다.

As the vice president of finance, I launched a task force.
재무 담당 부사장으로서, 저는 태스크 포스를 출범시켰습니다.

As the chairman of the committee, I organized a working group.
위원회 의장으로서, 저는 워킹 그룹을 조직했습니다.

As the secretary-general, I established a special committee.
사무총장으로서, 저는 특별 위원회를 설립했습니다.

☑ voca
down-to-earth 현실적인
specific 구체적인
launch 출시/출범하다
vice president 부사장
action plan 실행 방안
task force 태스크 포스
secretary-general 사무총장
committee 위원회

4-2 본론 2 확인 퀴즈

Fill in the blanks with the appropriate words below.
적절한 단어로 아래 빈칸을 채우세요.

Topic 소주제　　　　　　　　　　　　　　　　　　　🎧 025.mp3

1_____, I am a fast implementer.
이에 더해, 저는 재빠른 실행자입니다.

Support 근거

Last year, I 2_____ a campus-wide 3_____ to help refugee students from Venezuela.
작년에, 저는 베네수엘라 난민 학생들을 돕기 위한 교내 캠페인을 벌였습니다.

In fact, it took only 1 week for me to 4_____ a vague idea 5_____ a successful reality.
사실, 제가 막연한 생각을 성공적인 현실로 전환하는데, 단지 1주일만 걸렸습니다.

Fast implementation is another 6_____ for a startup to succeed.
7_____ a fast implementer, I can make our idea a great success.
재빠른 실행은 창업 기업의 성공을 위한 또 다른 필요조건입니다. 재빠른 실행자로서, 저는 우리의 생각을 위대한 성공으로 만들 수 있습니다.

☑ Answer
1 In addition
2 waged
3 campaign
4 convert
5 into
6 requirement
7 As

5 결론

Dissect the paragraph below into the basic elements of a conclusion.
아래 문단을 결론의 기본 요소별로 해부해 보세요.

🎧 026.mp3

In short, I am Jon, an active listener and fast implementer. As all of us already know well, the team is everything especially for a startup. Remember this: Jonathan Wilson is the very person to make the Student Startup Team complete and great. I am looking forward to making friends with each one of you. Thank you for your attention.

Thesis + Summary 논지 + 소주제 요약

In short, I am Jon, an active listener and fast implementer.
요컨대, 저는 적극적 경청자이자 재빠른 실행자인 존입니다.

Addition 추가

As all of us already know well, the team is everything especially for a startup.
우리 모두가 이미 잘 알고 있는 바와 같이, 특히 창업 기업에게 팀은 전부입니다.

Remember this: Jonathan Wilson is the very person to make the Student Startup Team complete and great.
이것만 기억하세요. 조나단 윌슨은 '학생창업팀'을 완벽하고 위대하게 만들 바로 그 사람입니다.

I am looking forward to making friends with each one of you. Thank you for your attention.
저는 여러분 한 사람 한 사람과 친구가 되길 고대하고 있습니다. 주목해 주셔서 감사합니다.

5-1 결론 속 표현

🎧 027.mp3

1. In short, I am Jon, a listener and implementer.
요컨대, 저는 경청자이자 실행자인 존입니다.

'짧게 (요약하자면), 요컨대'를 의미하는 'In short'은 지금까지 말한 내용을 정리해서 결론을 제시할 때 자주 쓰이는 연결어 영어 표현이다.

In short, I am the very person you are looking for.
요컨대, 제가 당신이 찾고 있는 바로 그 사람입니다.

In short, I must be the best candidate.
요컨대, 제가 최고의 후보자임이 틀림없습니다.

In short, I want to join your team.
요컨대, 저는 당신의 팀에 참여하길 원합니다.

In short, I agree with you.
요컨대, 저는 당신에게 동의합니다.

In short, I don't agree with you.
요컨대, 저는 당신에게 동의하지 않습니다.

In short, I accept your proposal.
요컨대, 저는 당신의 제안을 받아들입니다.

☑ voca
candidate 후보자
agree 동의하다
accept 받아들이다
proposal 제안

2. As all of us already know, the team is everything.
우리 모두가 이미 알고 있는 바와 같이, 팀이 전부입니다.

'As all of us already know'는 그 다음에 제시될 내용을 모두가 이미 알고 있는 상식
이라고 설명하며 청중의 동의를 얻어 낼 때 쓰이는 영어 표현이다.

As all of us already know, teamwork is important.
우리 모두가 이미 알고 있는 바와 같이, 팀워크는 중요합니다.

As all of us already know, energy must be saved.
우리 모두가 이미 알고 있는 바와 같이, 에너지는 절약되어야 합니다.

As all of us already know, refugees must be protected.
우리 모두가 이미 알고 있는 바와 같이, 난민들은 보호되어야 합니다.

As all of us already know, children are our future.
우리 모두가 이미 알고 있는 바와 같이, 어린이는 우리의 미래입니다.

As all of us already know, we live only once.
우리 모두가 이미 알고 있는 바와 같이, 우리는 단지 한번만 삽니다.

As all of us already know, we have to love each other.
우리 모두가 이미 알고 있는 바와 같이, 우리는 서로 사랑해야 합니다.

☑ voca
refugee 난민
save 절약하다
once 한번
each other 서로

029.mp3

3. The team is everything for a startup.
창업 기업에게 팀은 전부입니다.

'A는 B에게 전부이다'를 의미하는 'A is everything for B'는 어떤 대상에게 무엇이 가장 중요하다는 것을 강조할 때 쓰이는 영어 표현이다.

Innovation is everything for an IT company.
IT 기업에게 혁신은 전부입니다.

Vision is everything for a founder.
창업자에게 비전은 전부입니다.

A creative idea is everything for an innovator.
혁신가에게 창의적인 아이디어는 전부입니다.

Manpower is everything for business.
사업에 있어 인력은 전부입니다.

Agility is everything for a small company.
소기업에게 민첩함은 전부입니다.

Differentiation is everything for effective marketing.
효과적인 마케팅에 있어 차별화는 전부입니다.

☑ voca
innovation 혁신
manpower 인력
agility 민첩함
differentiation 차별화
effective 효과적인

4. Jonathan is the very person to make the team great.
조나단은 팀을 위대하게 만들 바로 그 사람입니다.

'A는 B할 바로 그 사람이다'를 의미하는 'A is the very person to B'는 어떤 행위(B)를 할 장본인이 바로 A임을 강조할 때 쓰이는 영어 표현이다.

I am the very person to make it possible.
제가 그것을 가능하게 만들 바로 그 사람입니다.

You are the very person to help us find a solution.
당신은 우리로 하여금 해결책을 찾도록 도울 바로 그 사람입니다.

He is the very person to make a speech before the audience.
그가 청중 앞에서 연설할 바로 그 사람입니다.

My boss is the very person to motivate the whole team.
저의 상사가 전체 팀에게 동기 부여를 할 바로 그 사람입니다.

Jeremy Powell is the very person to lead the strategy department.
제러미 파월이 전략 부서를 이끌 바로 그 사람입니다.

The new CEO is the very person to make our company competitive.
신임 최고 경영자가 우리 회사를 경쟁력 있게 만들 바로 그 사람입니다.

☑ voca
possible 가능한
speech 연설
audience 청중
strategy 전략
department 부서
CEO(Chief Executive Officer) 최고 경영자

🎧 031.mp3

5. I am looking forward to making friends with you.
저는 여러분과 친구가 되길 고대하고 있습니다.

동사구 'look forward to A'는 특히 동명사와 함께 사용되어 'A하기를 즐거운 마음으로 기다리다'라는 의미를 전달할 때 쓰이는 영어 표현이다.

My mother is looking forward to meeting you.
저의 어머니는 당신 만나기를 고대하고 있습니다.

All the team members are looking forward to working with you.
모든 팀 구성원들은 당신과 함께 일하기를 고대하고 있습니다.

Joan is looking forward to seeing a movie.
조안은 영화 보기를 고대하고 있습니다.

My daughter is looking forward to adopting a pet.
저의 딸은 반려동물 입양하기를 고대하고 있습니다.

My boss is looking forward to completing the project successfully. 저의 상사는 그 프로젝트를 성공적으로 완성하기를 고대하고 있습니다.

My friend is looking forward to starting his own business.
저의 친구는 자신의 비즈니스를 시작하기를 고대하고 있습니다.

☑ voca
adopt 입양하다
pet 반려동물
complete 완성하다

6. Thank you for your attention.
주목해 주셔서 감사합니다.

'A에 대해 감사하다'를 의미하는 'Thank you for A'는 특정한 이유(A) 때문에 상대방에게 감사함을 전달할 때 가장 많이 쓰이는 영어 표현이다.

Thank you for listening.
들어주셔서 감사합니다.

Thank you for watching.
시청해 주셔서 감사합니다.

Thank you for your welcome.
(당신이) 환영해 주셔서 감사합니다.

Thank you for your service.
(당신이) 봉사해 주셔서 감사합니다.

Thank you for your support.
(당신이) 지원해 주셔서 감사합니다.

Thank you for your cooperation.
(당신이) 협력해 주셔서 감사합니다.

☑ voca
attention 주목
welcome 환영
service 봉사
support 지원
cooperation 협력

5-2 결론 확인 퀴즈

Fill in the blanks with the appropriate words below.
적절한 단어로 아래 빈칸을 채우세요.

Thesis + Summary 논지 + 소주제 요약 　　　　　　　　　🎧 033.mp3

1_____, I am Jon, an active listener and fast implementer.
요컨대, 저는 적극적 경청자이자 재빠른 실행자인 존입니다.

Addition 추가

2_____ all of us already know well, the team is 3_____
especially 4_____ a startup.
우리 모두가 이미 잘 알고 있는 바와 같이, 특히 창업 기업에게 팀은 전부입니다.

Remember this: Jonathan Wilson is 5_____ to make the
Student Startup Team complete and great.
이것만 기억하세요. 조나단 윌슨은 '학생창업팀'을 완벽하고 위대하게 만들 바로 그 사람입니다.

I am looking 6_____ making friends with each one of you.
7_____ for your attention.
저는 여러분 한 사람 한 사람과 친구가 되길 고대하고 있습니다. 주목해 주셔서 감사합니다.

☑ Answer
1 In short
2 As
3 everything
4 for
5 the very person
6 forward to
7 Thank you

6 표현 복습

Read carefully the following key expressions again.
다음 핵심 표현을 한 번 더 꼼꼼하게 읽으세요.

🎧 034.mp3

It is my honor to be here as a candidate.
후보자로서 여기에 온 것은 저에게 영광입니다.

I want to express my deepest appreciation to you.
여러분에게 깊은 감사를 표하고 싶습니다.

Thank you for giving me a chance to have an interview.
인터뷰를 할 수 있는 기회를 주셔서 감사합니다.

I am Johnathan Wilson, a sophomore.
저는 2학년 조나단 윌슨입니다.

I am a sophomore majoring in business.
저는 경영학을 전공하고 있는 2학년 학생입니다.

Let me introduce myself briefly.
간단히 저를 소개하겠습니다.

First of all, I am an active listener.
우선, 저는 적극적 경청자입니다.

For the past 5 years, I have worked as a volunteer.
지난 5년 동안, 저는 자원봉사자로 일했습니다.

I not only listen to complaints but also find solutions.
저는 불평을 들어줄 뿐만 아니라 해결책도 찾습니다.

Active listening is a key to teamwork.
적극적 경청은 팀워크의 비결입니다.

Teamwork is a requirement for a startup to succeed.
팀워크는 창업 기업의 성공을 위한 필요조건입니다.

I can make all the members work as a single team.
저는 모든 멤버들이 단일팀으로 일하도록 만들 수 있습니다.

In addition, I am a fast implementer.
이에 더해, 저는 재빠른 실행자입니다.

I waged a campaign to help refugee students.
저는 난민 학생들을 돕기 위한 캠페인을 벌였습니다.

It took 1 week for me to make an idea a reality.
제가 생각을 현실로 만드는데, 1주일이 걸렸습니다.

I converted a vague idea into a successful reality.
저는 막연한 생각을 성공적인 현실로 전환했습니다.

Implementation is another requirement for success.
실행은 성공을 위한 또 다른 필요조건입니다.

As a fast implementer, I made a great success.
재빠른 실행자로서, 저는 위대한 성공을 했습니다.

In short, I am Jon, a listener and implementer.
요컨대, 저는 경청자이자 실행인 존입니다.

As all of us already know, the team is everything.
우리 모두가 이미 알고 있는 바와 같이, 팀이 전부입니다.

The team is everything for a startup.

창업 기업에게 팀은 전부입니다.

Jonathan is the very person to make the team great.

조나단이 팀을 위대하게 만들 바로 그 사람입니다.

I am looking forward to making friends with you.

저는 여러분과 친구가 되길 고대하고 있습니다.

Thank you for your attention.

주목해 주셔서 감사합니다.

6-1 스크립트 다시 보기

Fill in the blanks with the appropriate words below.
적절한 단어로 아래 빈칸을 채우세요.

🎧 035.mp3

It is my _____ to be here as a candidate to become a new member of the Student Startup Team. Above all, I want to _____ my deepest _____ to each one of you for giving me a _____ to have an interview. _____Jonathan Wilson, a sophomore _____ business administration. Just call me Jon. _____ introduce myself briefly.

_____, I am an active listener. _____ 5 years, I have worked as a volunteer _____ listening to complaints by orphans _____ actively finding solutions. As you know well, active listening is a _____ teamwork, which is a _____ a startup to succeed. As an active listener, I can _____ all the members work as a single team.

_____, I am a fast implementer. Last year, I _____ a campus-wide _____ to help refugee students from Venezuela. In fact, it took only 1 week for me to _____ a vague idea _____ a successful reality. Fast implementation is another _____ for a startup to succeed. _____ a fast implementer, I can make our idea a great success.

_____, I am Jon, an active listener and fast implementer. _____ all of us already know well, the team is _____ especially _____ a startup. Remember this: Jonathan Wilson is _____ to make the Student Startup Team complete and great. I am looking _____ making friends with each one of you. _____ for your attention.

전체 스크립트는 24페이지, 해석은 27페이지를 확인하세요.

6-2 질문과 답변

Read the sample Q&A at least 3 times, loudly and clearly.
예시 질문과 답변을 최소 3번, 큰 소리로 또렷하게 읽으세요.

🎧 036.mp3

Do you have any questions? I would be happy to answer any
questions.

혹시 질문 있으신가요? 어떤 질문이라도 제가 답변드릴 수 있다면, 저는 행복할 것입니다.

Sample Question 예시 질문

Good to see you, Jon. I am Elizabeth Arden. a senior majoring in
computer science. Thank you for your impressive self-introduction.

존, 만나서 반갑습니다. 저는 컴퓨터 사이언스를 전공하고 있는 4학년 엘리자베스 아든입니다. 인상 깊
은 자기소개 감사드립니다.

I have only one question. What was your biggest failure in your life?

1가지 질문만 있습니다. 당신의 인생에서 가장 큰 실패는 무엇이었나요?

Good to see you, Elizabeth. Wow! What an embarrassing question it is! My biggest failure was 'Sponsor an Orphan', an application program to match donors with orphans in financial need.

엘리자베스, 만나서 반갑습니다. 와우! 당황스러운 질문입니다! 가장 큰 저의 실패는 재정적 어려움에 처한 고아들과 기부자들을 연결해 주는 앱 프로그램인 'Sponsor an Orphan'이었습니다.

When I was in the 11th grade, I met one of my best friends, Brian Dewey who was an orphan. To make a long story short, as an active listener, I could understand his financial difficulties as an orphan. So, I wrote a Java-based app just in a week as a fast implementer.

제가 11학년 때, 저는 가장 친한 친구 중 하나이자 고아였던 브라이언 듀이를 만났습니다. 간략하게 말 하자면, 적극적인 경청자로서, 저는 그가 고아로서 겪는 재정적 어려움을 이해할 수 있었습니다. 그래 서, 재빠른 실행자로서, 저는 1주일만에 자바 기반 앱 프로그램을 작성했습니다.

However, the app was not successful at all. I could not scale up the app. In fact, only my parents and my grandparents joined the app as donors. One of the important lessons from the failure is that even a small project cannot succeed without collaborating with others.

그러나, 그 앱은 전혀 성공적이지 않았습니다. 저는 그 앱의 규모를 키울 수 없었습니다. 사실, 단지 저 의 부모님과 조부모님만 기부자로서 그 앱에 가입했습니다. 이 실패로부터 얻은 가장 중요한 교훈 중 하 나는 다른 사람들과 협력하지 않고서는 심지어 작은 프로젝트조차도 성공할 수 없다는 것입니다.

My biggest failure concerning 'Sponsor an Orphan' is one of the reasons why I want to join the Student Startup Team. I really learned, by experience, how important and necessary teamwork is especially for a startup. I really mean it. Thank you again for your attention.

'Sponsor an Orphan' 앱과 관련한 저의 가장 큰 실패가 바로 제가 '학생창업팀'에 참여하고 싶은 이 유 중 하나입니다. 저는 특히 창업 기업에게 팀워크가 얼마나 중요하고 필요한지를 경험을 통해 정말로 배웠습니다. 진심입니다. 주목해 주셔서 다시 한번 더 감사드립니다.

7-1 실전 연습 - 개요짜기

Conduct your own outlining for an introductory presentation.
자기소개 프레젠테이션을 위한 여러분만의 개요짜기를 해보세요.

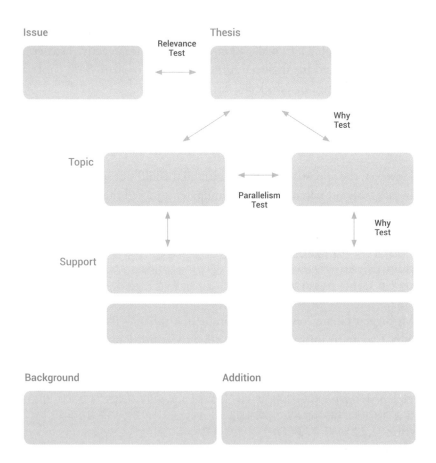

Issue

Relevance
Test

Thesis

Why
Test

Topic

Parallelism
Test

Why
Test

Support

Background

Addition

7-2 실전 연습 – 스크립트 쓰기

Prepare your own script for an introductory presentation.
자기소개 프레젠테이션을 위한 여러분만의 스크립트를 준비하세요.

▶ Introduction

Background

_____

_____

_____

_____

Thesis

_____

_____

_____

Blueprint

_____

_____

_____

▶ Body 1

Topic

_____

_____

_____

Support

_____

_____

_____

_____

_____

▶ Body 2

Topic

_____

_____

_____

Support

_____

_____

_____

_____

_____

_____

▶ Conclusion

Thesis + Summary

_____

_____

_____

_____

Addition

_____

_____

_____

_____

7-3 실전 연습 – 예시 스크립트

Read the sample script for an introductory presentation.
자기소개 프레젠테이션의 예시 스크립트를 읽으세요.

🎧 037.mp3

It is my honor to be here as a candidate for the MBA class of 2026 at Harvard Business School. Above all, I want to express my deepest appreciation to each one of you for giving me a chance to have an interview. I am Sophia Jisoo Kim from Korea. I am the very person whom HBS is anxiously looking for. Let me introduce myself briefly.

First of all, I am an effective communicator. I got my B.A. in communication studies from Korea University and authored a book on communication through storytelling. For the past 7 years, I have worked successfully as a communication specialist. Effective communication skill is a requirement for a good business leader.

In addition, I am a passionate challenger. Everyone around me expected that I would continue my career. However, I am such kind of person who hates to be content with the status *quo*. So, I decided to apply to Harvard MBA, leaving my own comfort zone. A passion to challenge is another requirement for a good business leader.

In short, I am Sophia Jisoo Kim, potentially a good business leader armored with effective communication skill and an endless passion for challenges. Just like Jim C. Collins' famous book title *Good to Great*, now it is time for you to give me an opportunity to be trained as a great business leader. Thank you and, hopefully, see you in class.

7-4 실전 연습 - 개요짜기

Complete the outlining sheet, based on the sample script.
예시 스크립트에 근거해서, 개요짜기 시트를 완성하세요.

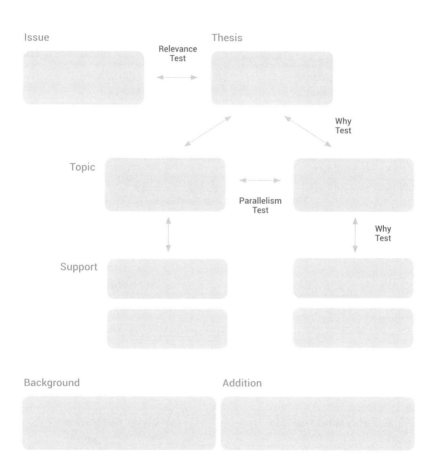

7-5 실전 연습 - 개요짜기 비교하기

Compare your own outlining sheet with the following one.
당신이 직접 작성한 개요짜기 시트를 아래의 것과 비교하세요.

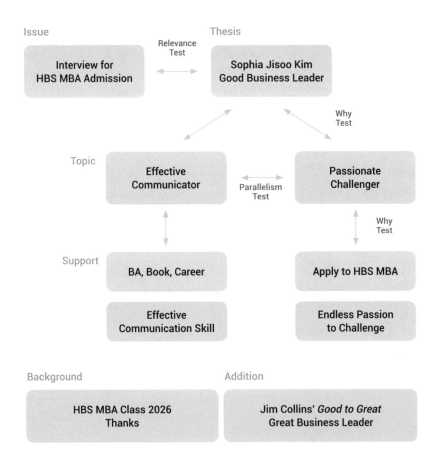

7-6 실전 연습 – 해석 살펴보기

Read carefully the following translation in Korean.
다음 한국어 번역을 꼼꼼하게 읽으세요.

"하버드 경영대학원 MBA 입학 인터뷰" 관련 자기소개

하버드 경영대학원의 MBA✓ (경영학 석사) 2026 클래스의 지원자로서 여기에 온 것은 저에게 영광입니다. 무엇보다도, 인터뷰 기회를 저에게 주신 여러분 한 사람 한 사람에게 깊은 감사를 표하고 싶습니다. 저는 한국에서 온 소피아 지수 김입니다. 제가 하버드 경영대학원이 간절하게 찾고 있는 바로 그 사람입니다. 간단히 저를 소개하겠습니다.

우선, 저는 효과적인 의사소통가입니다. 저는 고려대학교에서 언론학 학사 학위를 취득했고, '스토리텔링을 통한 의사소통'에 관한 책을 저술했습니다. 지난 7년 동안, 저는 의사소통 전문가로서 성공적으로 일했습니다. 효과적인 의사소통 스킬은 좋은 비즈니스 리더의 필요조건입니다.

이에 더해, 저는 열정적인 도전자입니다. 제가 저의 경력을 지속할 것이라고 제 주위의 모든 사람들은 예상했습니다. 그러나, 저는 현재 상황에 만족하기를 싫어하는 그런 류의 사람입니다. 그래서, 제가 누리던 안락한 상황을 떠나, 저는 하버드 MBA에 지원하기로 결정했습니다. 도전하는 열정은 좋은 비즈니스 리더의 또 다른 필요조건입니다.

요컨대, 저는 효과적인 의사소통 스킬과 도전에 대한 끝없는 열정으로 무장한, 좋은 비즈니스 리더가 될 가능성이 있는 소피아 지수 김입니다. 짐 C. 콜린스의 유명한 책 제목인 *Good to Great*✓✓과 같이, 이제 여러분들이 저에게 위대한 비즈니스 리더로 훈련받을 수 있는 기회를 주실 시간입니다. 감사드리고, 바라건대, 수업에서 뵙겠습니다.

☑ 'Master of Business Administration'의 약어인 MBA는 '경영학 석사' 혹은 '경영전문석사'로 번역된다.
☑ 한국에서는 『좋은 기업을 넘어 위대한 기업으로』라는 제목으로 번역되었다.

Persuasive Presentations

설득
프레젠테이션

1 스크립트 미리 보기

Read the following script at least 3 times, loudly and clearly.
다음 스크립트를 최소 3번, 큰 소리로 또렷하게 읽으세요.

🎧 038.mp3

Surprisingly, 52% of all sea turtles have eaten plastic particles because they mistake plastic garbage for food. According to the WWF, annually more than 1,000 sea turtles die from eating plastics. Now, it is time to stop this tragedy. Invest only $1 million in the Student Startup Team. Then, you can make a profit as well as reduce plastics.

Most of all, your investment will reduce the use of plastics by 60% within 5 years. The SST's plastics do not pose any harm to sea turtles because they are environmentally water-soluble. The SST holds a patent for the technology. According to the US EPA, annually water-soluble plastics are expected to replace 12% of water-insoluble ones.

At the same time, your investment will make a 900% profit within 7 years. A report by Yale University estimates that annually the market for water-soluble plastics will triple for the next 10 years. Sales are expected to be more than double each year for the next 7 years. So, the return on investment is calculated to be 900% within 7 years.

To sum up, a $1 million investment in the SST is the best choice not only to save sea turtles in danger but also to make money in the right way. You are already well-known as a proponent of ESG. That is great! However, your investment will add another awesome image on your reputation: 'a Savior of Sea Turtles'. Thank you for your time.

1-1 개요짜기

Complete the outlining sheet, based on the script.
스크립트에 근거해서, 개요짜기 시트를 완성하세요.

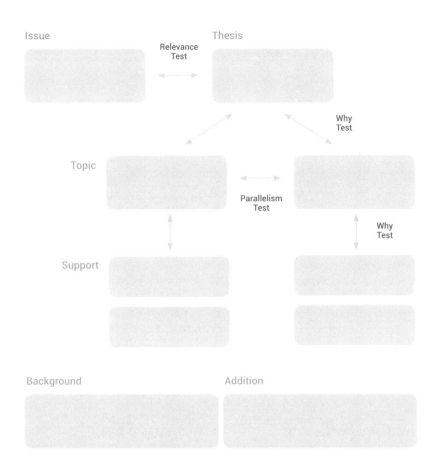

1-2 개요짜기 비교하기

Compare your own outlining sheet with the following one.
당신이 직접 작성한 개요짜기 시트를 아래의 것과 비교하세요.

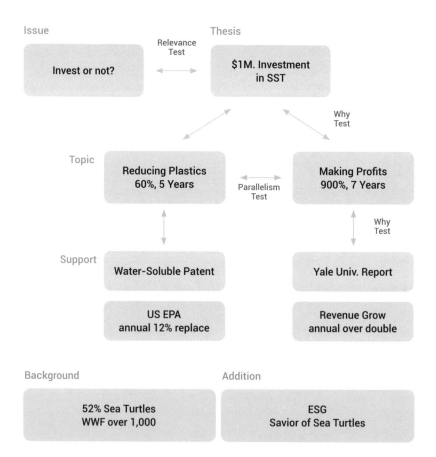

1-3 해석 살펴보기

Read carefully the following translation in Korean.
다음 한국어 번역을 꼼꼼하게 읽으세요.

"'학생창업팀' 투자" 관련 설득

놀랍게도, 전체 바다거북의 52%가 플라스틱 쓰레기를 음식으로 착각해서 플라스틱 입자를 먹은 적이 있습니다. 세계자연기금(WWF)에 따르면, 매년 1천 마리 이상의 바다거북이 플라스틱을 먹어서 죽습니다. 이제 이 비극을 끝내야 할 시간입니다. 단지 1백만 달러만 '학생창업팀'에 투자하세요. 그러면, 당신은 플라스틱을 감소시킬 뿐만 아니라 이익도 얻을 수 있습니다.

무엇보다도, 당신의 투자는 5년 이내에 플라스틱의 사용을 60% 감소시킬 것입니다. '학생창업팀'의 플라스틱은 환경친화적으로 물에 용해되므로 바다거북에게 아무런 해를 끼치지 않습니다. '학생창업팀'은 그 기술에 대한 특허권을 보유하고 있습니다. 미국 환경보호청에 따르면, 물에 용해되는 플라스틱은 매년 물에 용해되지 않는 플라스틱의 12%를 대체할 것으로 예상됩니다.

동시에, 당신의 투자는 7년 이내에 900%의 수익을 올릴 것입니다. 예일대학교의 한 보고서는 향후 10년 동안 물에 용해되는 플라스틱 시장이 매년 3배가 될 것이라고 추정합니다. 향후 7년 동안 매출액이 매년 2배 이상이 될 것으로 예상됩니다. 그래서, 투자수익률은 7년 이내 900%로 계산됩니다.

요약하자면, '학생창업팀'에 대한 1백만 달러 투자는 위험에 처한 바다거북을 구할 뿐만 아니라 올바른 방법으로 돈을 버는 최선의 선택입니다. 당신은 ESG의 지지자로 이미 잘 알려져 있습니다. 그거 대단합니다! 그러나 당신의 투자는 당신의 명성에 '바다거북의 구원자'라는 또 다른 경탄할 만한 이미지를 더해 줄 것입니다. 시간을 내어 주셔서 감사합니다.

☑ World Wide Fund for Nature'는 '세계자연기금'으로 번역된다.
☑ '환경, 사회, 지배 구조'로 번역되는 'Environmental, Social, and Corporate Governance'는 주로 'ESG'로 표기한다.

2 서론

Dissect the paragraph below into the basic elements of an introduction.
아래 문단을 서론의 기본 요소별로 해부해 보세요.

🎧 039.mp3

Surprisingly, 52% of all sea turtles have eaten plastic particles because they mistake plastic garbage for food. According to the WWF, annually more than 1,000 sea turtles die from eating plastics. Now, it is time to stop this tragedy. Invest only $1 million in the Student Startup Team. Then, you can make a profit as well as reduce plastics.

Background 배경

Surprisingly, 52% of all sea turtles have eaten plastic particles because they mistake plastic garbage for food.
놀랍게도, 전체 바다거북의 52%가 플라스틱 쓰레기를 음식으로 착각해서 플라스틱 입자를 먹은 적이 있습니다.

According to the WWF, annually more than 1,000 sea turtles die from eating plastics. Now, it is time to stop this tragedy.
세계자연기금(WWF)에 따르면, 매년 1천 마리 이상의 바다거북이 플라스틱을 먹어서 죽습니다. 이제 이 비극을 끝내야 할 시간입니다.

Thesis 논지

Invest only $1 million in the Student Startup Team.
단지 1백만 달러만 '학생창업팀'에 투자하세요.

Blueprint 소주제 소개

Then, you can make a profit as well as reduce plastics.
그러면, 당신은 플라스틱을 감소시킬 뿐만 아니라 이익도 얻을 수 있습니다.

2-1 서론 속 표현

040.mp3

1. Surprisingly, 52% of sea turtles have eaten plastics.
놀랍게도, 52%의 바다거북이 플라스틱을 먹은 적이 있습니다.

'놀랍게도'를 의미하는 'Surprisingly'는 깜짝 놀랄만한 정보를 함께 제공함으로써 청중의 관심을 이끌어 낼 때 자주 쓰이는 영어 표현이다.

Surprisingly, 86% of sea turtles are endangered.
놀랍게도, 86%의 바다거북이 멸종 위기에 처해 있습니다.

Surprisingly, only 0.1% of sea turtles survive to adulthood.
놀랍게도, 단지 0.1%의 바다거북만이 성체가 될 때까지 생존합니다.

Surprisingly, 14% of Americans receive food from food banks.
놀랍게도, 14%의 미국인들이 푸드뱅크(가난한 자들을 위한 무료 급식소)로부터 음식을 받습니다.

Surprisingly, 30% of adults sleep with an attachment doll.
놀랍게도, 30%의 성인이 애착 인형과 함께 잡니다.

Surprisingly, 99% of species that have ever lived on Earth are extinct. 놀랍게도, 지구 상에 살았던 생물 종의 99%는 멸종된 상태입니다.

Surprisingly, 690 million people still live in extreme poverty.
놀랍게도, 6억9천만 명이 여전히 극심한 빈곤 상태에 살고 있습니다.

☑ voca
endangered 멸종 위기에 처한
adulthood 성인, 성체
attachment 애착
species 종
extinct 멸종된
extreme 극심한
poverty 빈곤

2. They mistake plastic garbage for food.
그들은 플라스틱 쓰레기를 음식으로 착각합니다.

동사구 'mistake A for B'는 'A를 B로 오인하는 실수를 저지르다' 혹은 'A를 B로 착각하다'라는 의미를 전달할 때 쓰이는 영어 표현이다.

Some people mistake pity for love.
어떤 사람들은 동정을 사랑으로 착각합니다.

Joe mistakes Joan's kindness for love.
조는 조안의 친절을 사랑으로 착각합니다.

Professor Kim mistook me for my mother.
김 교수는 저를 저의 어머니로 착각했습니다.

Humans tend to mistake a stranger for an enemy.
인간은 낯선 사람을 적으로 착각하는 경향이 있습니다.

My father mistook a wolf for a dog.
나의 아버지는 늑대를 개로 착각했습니다.

Scientists should not mistake correlation for causation.
과학자들은 우연관계를 인과관계로 착각하지 말아야 합니다.

☑ voca
pity 동정
stranger 낯선 사람
correlation 우연관계
causation 인과관계

3. A lot of sea turtles die from eating plastics.
많은 바다거북들이 플라스틱을 먹어서 죽습니다.

직접적인 원인에 의해 사망하는 'die of A'와 달리, 'die from A'는 간접적인 원인(A)에 의해 사망하는 것을 설명할 때 쓰이는 영어 표현이다.

A lot of sperm whales die from plastic bags.
많은 향유고래들이 비닐 봉지 때문에 죽습니다.

A lot of sea fish die from plastic straws.
많은 바다 물고기들이 플라스틱 빨대 때문에 죽습니다.

A lot of dolphins die from fishing nets.
많은 돌고래들이 어망 때문에 죽습니다.

A lot of sea birds die from fishing gear.
많은 바다새들이 낚시 도구 때문에 죽습니다.

A lot of polar bears die from climate change.
많은 북극곰들이 기후 변화 때문에 죽습니다.

A lot of marine mammals die from marine pollution.
많은 해양 포유류들이 해양 오염 때문에 죽습니다.

☑ voca
sperm whale 향유고래
fishing net 어망
fishing gear 낚시도구
climate change 기후 변화
mammals 포유류
marine 바다의

4. Now, it is time to stop this tragedy.
이제 **이 비극**을 끝내야 할 시간입니다.

'이제 A를 끝내야 할 시간이다'를 의미하는 'Now, it is time to stop A'는 지금 당장 무엇을 끝내라고 촉구할 때 자주 쓰이는 영어 표현이다.

Now, it is time to stop the war.
이제 **전쟁**을 끝내야 할 시간입니다.

Now, it is time to stop global warming.
이제 **지구 온난화**를 끝내야 할 시간입니다.

Now, it is time to stop crying.
이제 **우는 것**을 끝내야 할 시간입니다.

Now, it is time to stop smoking.
이제 **담배 피는 것**을 끝내야 할 시간입니다.

Now, it is time to stop complaining.
이제 **불평하는 것**을 끝내야 할 시간입니다.

Now, it is time to stop drinking.
이제 **(술) 마시는 것**을 끝내야 할 시간입니다.

☑ voca
global warming 지구 온난화
smoke 담배를 피우다
complain 불평하다

5. Invest only $1 million in the Student Startup Team.

단지 1백만 달러만 '학생창업팀'에 투자하세요.

동사구 'invest A in B'는 'A를 B에 투자하다'라는 의미를 전달할 때 쓰이는 영어 표현이다. 특히, 'in' 대신 'on'을 쓸 수 없음에 주의해야 한다.

Invest $2 million in tech companies.

2백만 달러를 기술 기업들에 투자하세요.

Invest only $1,000 in this project.

단지 1천 달러만 이 프로젝트에 투자하세요.

Invest $5 million in a private company.

5백만 달러를 비상장 기업에 투자하세요.

Invest $10 million in a public company.

1천만 달러를 상장 기업에 투자하세요.

Invest only $20,000 in blue chip stocks.

단지 2만 달러만 우량주에 투자하세요.

Invest $3 billion in this PEF(Private Equity Fund).

30억 달러를 이 사모펀드에 투자하세요.

☑ voca
public company 공개 기업, 상장 기업
blue chip stock 우량주
PEF 사모펀드

6. You can make a profit as well as reduce plastics.

당신은 플라스틱을 감소시킬 뿐만 아니라 이익도 얻을 수 있습니다.

'B 뿐만 아니라 A도'를 의미하는 'A as well as B'는 특히 A를 더 강조하면서 A와 B 2
가지 모두를 함께 언급할 때 자주 쓰이는 영어 표현이다.

I like baseball as well as soccer.

나는 축구뿐만 아니라 야구도 좋아합니다.

The government should educate the poor as well as feed them.

정부는 가난한 사람들을 먹일 뿐만 아니라 (그들을) 교육해야 합니다.

You may dance to a music as well as listen to it.

당신은 음악을 들을 뿐만 아니라 (그것에 맞추어) 춤을 춰도 됩니다.

He can buy a book as well as borrow one.

그는 책을 빌릴 수 있을 뿐만 아니라 (그것을) 살 수도 있습니다.

They need to pay their attention to reputation as well as money.

그들은 돈뿐만 아니라 명성에도 유의할 필요가 있습니다.

She made a presentation passionately as well as persuasively.

그녀는 설득력 있을 뿐만 아니라 열정적으로 프레젠테이션을 했습니다.

☑ voca
educate 교육하다
feed 먹이다
reputation 명성
passionate 열정적인
persuasive 설득력 있는

2-2 서론 확인 퀴즈

Fill in the blanks with the appropriate words below.
적절한 단어로 아래 빈칸을 채우세요.

Background 배경   🎧 046.mp3

1_____, 52% of all sea turtles have eaten plastic particles because they 2_____ plastic garbage 3_____ food.
놀랍게도, 전체 바다거북의 52%가 플라스틱 쓰레기를 음식으로 착각해서 플라스틱 입자를 먹은 적이 있습니다.

According to the WWF, annually more than 1,000 sea turtles 4_____ eating plastics. Now, 5_____ to stop this tragedy.
세계자연기금(WWF)에 따르면, 매년 1천 마리 이상의 바다거북이 플라스틱을 먹어서 죽습니다. 이제 이 비극을 끝내야 할 시간입니다.

Thesis 논지

Invest only $1 million 6_____ the Student Startup Team.
단지 1백만 달러만 '학생창업팀'에 투자하세요.

Blueprint 소주제 소개

Then, you can make a profit 7_____ reduce plastics.
그러면, 당신은 플라스틱을 감소시킬 뿐만 아니라 이익도 얻을 수 있습니다.

☑ Answer
1 Surprisingly
2 mistake
3 for
4 die from
5 it is time
6 in
7 as well as

87

3 본론 1

Dissect the paragraph below into the basic elements of a body.
아래 문단을 본론의 기본 요소별로 해부해 보세요.

🎧 047.mp3

Most of all, your investment will reduce the use of plastics by 60% within 5 years. The SST's plastics do not pose any harm to sea turtles because they are environmentally water-soluble. The SST holds a patent for the technology. According to the US EPA, annually water-soluble plastics are expected to replace 12% of water-insoluble ones.

Topic 소주제

Most of all, your investment will reduce the use of plastics by 60% within 5 years.
무엇보다도, 당신의 투자는 5년 이내에 플라스틱의 사용을 60% 감소시킬 것입니다.

Support 근거

The SST's plastics do not pose any harm to sea turtles because they are environmentally water-soluble.
'학생창업팀'의 플라스틱은 환경친화적으로 물에 용해되므로 바다거북에게 아무런 해를 끼치지 않습니다.

The SST holds a patent for the technology.
'학생창업팀'은 그 기술에 대한 특허권을 보유하고 있습니다.

According to the US EPA, annually water-soluble plastics are expected to replace 12% of water-insoluble ones.
미국 환경보호청에 따르면, 물에 용해되는 플라스틱은 매년 물에 용해되지 않는 플라스틱의 12%를 대체할 것으로 예상됩니다.

3-1 본론 1 속 표현

🎧 048.mp3

1. **Most of all**, your investment will reduce plastics.
무엇보다도, 당신의 투자는 플라스틱을 감소시킬 것입니다.

'무엇보다도, 그 중에서'를 의미하는 'Most of all'은 논지를 뒷받침하는 첫 번째 소주제를 제시할 때 자주 쓰이는 연결어 영어 표현이다.

Most of all, the new commercial will attract media attention.
무엇보다도, 새로운 광고 방송은 언론의 관심을 끌 것입니다.

Most of all, this year will be a turning point.
무엇보다도, 올해는 전환점이 될 것입니다.

Most of all, the ongoing restructuring will enhance efficiency.
무엇보다도, 현재 진행 중인 구조 조정은 효율성을 높일 것입니다.

Most of all, building new factories will help the local community. 무엇보다도, 새로운 공장을 건설하는 것은 지역 사회를 도울 것입니다.

Most of all, attracting new investors will create decent jobs.
무엇보다도, 신규 투자자 유치는 괜찮은 일자리를 만들 것입니다.

Most of all, my investment will lead to an initial public offering (IPO). 무엇보다도, 저의 투자는 기업 공개로 이어질 것입니다.

☑ voca
commercial 광고 방송, 상업적인
media 언론
efficiency 효율성
decent job 괜찮은 일자리
IPO 기업 공개, 상장

2. Our plastics do not pose any harm to sea turtles.
저희의 플라스틱은 바다거북에게 아무런 해를 끼치지 않습니다.

동사구 'pose harm to A'는 'A에게 해를/해악을 끼치다' 혹은 'A에게 피해를 주다'라는 의미를 전달할 때 자주 쓰이는 영어 표현이다.

This technology does not pose any harm to nature.
이 기술은 자연에 아무런 해를 끼치지 않습니다.

Biodegradable plastics do not pose any harm to the environment. 생분해성 플라스틱은 환경에 아무런 해를 끼치지 않습니다.

The new invention does not pose any harm to the ecosystem.
(그) 새로운 발명품은 생태계에 아무런 해를 끼치지 않습니다.

The new material does not pose any harm to the ocean.
(그) 새로운 물질은 바다에 아무런 해를 끼치지 않습니다.

Organic food does not pose any harm to human health.
유기농 식품은 인간의 건강에 아무런 해를 끼치지 않습니다.

Decomposable material does not pose any harm to marine animals. 분해되는 물질은 해양 동물에게 아무런 해를 끼치지 않습니다.

☑ voca
nature 자연
biodegradable 생분해성의
environment 환경
ecosystem 생태계
ocean 바다
decomposable 분해가 되는
marine animal 해양 동물

3. They are harmless because they are water-soluble.

(그것들은) 물에 용해되기 때문에, 그것들은 무해합니다.

'A 때문에'를 의미하는 'because A'는 주관적 의견을 뒷받침하는 객관적 '사실' 혹은 주장의 '근거/이유'를 제시할 때 자주 쓰이는 영어 표현이다.

This plastic bag is good because it is degradable.

분해되기 때문에, 이 플라스틱 봉지는 좋습니다.

These products are recommendable because they are biodegradable. 생분해성이기 때문에, 이 상품들은 추천할 만합니다.

Fruits from Whole Foods are expensive because they are organic. 유기농이기 때문에, 홀푸드에서 판매되는 과일은 비쌉니다.

These corns are better because they are GMO-free.

유전자 변형 생물체가 들어 있지 않기 때문에, 이 옥수수들이 더 좋습니다.

Those tomatoes are healthful because they are chemical-free.

화학 성분이 포함되어 있지 않기 때문에, 저 토마토들은 몸에 좋습니다.

It smells good because it is made of natural materials.

천연 재료로 만들어졌기 때문에, 그것은 냄새가 좋습니다.

☑ voca
harmless 무해한
water-soluble 물에 분해되는
degradable 분해되는
GMO 유전자 변형 생물체
natural 천연의

4. The SST holds a patent for the technology.

SST는 그 기술에 대한 특허권을 보유하고 있습니다.

'A에 대한 특허권을 보유하다'를 의미하는 동사구 'hold a patent for A'는 발명 관련 지식재산권을 설명할 때 자주 쓰이는 영어 표현이다.

An inventor holds a patent for an invention.

발명가는 발명품에 대한 특허권을 보유합니다.

Google holds a patent for a voice-interface.

구글은 음성 인터페이스에 대한 특허권을 보유하고 있습니다.

Elon Musk holds a patent for a location-based search.

일론 머스크는 지역 기반 검색에 대한 특허권을 보유하고 있습니다.

Facebook holds a patent for a system for detecting boredom.

페이스북은 지루함 감지 시스템에 대한 특허권을 보유하고 있습니다.

Samsung holds a patent for a foldable screen.

삼성은 접을 수 있는 스크린에 대한 특허권을 보유하고 있습니다.

Seth Wheeler held a patent for the perforated toilet paper.

세스 휠러는 절취선이 있는 화장지에 대한 특허권을 보유했습니다.

☑ voca
invention 발명
location-based search 지역 기반 검색
boredom 지루함
perforated 절취선이 있는

🎧 052.mp3

5. According to the EPA, insoluble plastics are replaced.
환경보호청에 따르면, 용해되지 않는 플라스틱은 대체됩니다.

'A에 따르면'을 의미하는 'According to A'는 특히 (자신의 주장을 뒷받침하는) 근거의 출처를 설명할 때 자주 쓰이는 영어 표현이다.

According to Yale University, scientists are also gender-biased.
예일대학교에 따르면, 과학자들 또한 성 편향적입니다.

According to the WHO, the coronavirus pandemic will end soon. 세계보건기구에 따르면, 코로나 대유행은 곧 끝날 것입니다.

According to the FAO, 8 million people faced hunger in 2021.
식량농업기구에 따르면, 2021년 8백만 명이 기아에 직면했습니다.

According to the IMF, the US is still the largest economy in the world. 국제통화기금에 따르면, 미국이 여전히 세계에서 가장 큰 경제 대국입니다.

According to the WTO, trade volume declined due to COVID-19. 세계무역기구에 따르면, 코로나-19로 인해 무역량이 줄었습니다.

According to the UN, 9.2% of all humans live in extreme poverty. 국제연합에 따르면, 모든 인간의 9.2%가 극심한 빈곤에 살고 있습니다.

☑ voca
gender-biased 성 편향적인
pandemic 대유행
hunger 기아
decline 줄다
extreme poverty 극심한 빈곤

6. They are expected to replace insoluble plastics.
그것들이 용해되지 않는 플라스틱을 대체할 것으로 예상됩니다.

'A할 것으로 예상된다'를 의미하는 'be expected to A'는 확정된 사실이 아닌 전망, 희망, 예상 등을 설명할 때 자주 쓰이는 영어 표현이다.

The rain is expected to stop soon.
비가 곧 그칠 것으로 예상됩니다.

He is expected to be here at 9 A.M. tomorrow.
그는 내일 오전 9시에 이곳에 있을 것으로 예상됩니다.

You are expected to do much better on the final exam.
당신은 기말고사에서 훨씬 더 잘할 것으로 예상됩니다.

I am expected to learn how to make a presentation in English.
나는 어떻게 영어로 프레젠테이션을 하는지를 배울 것으로 예상됩니다.

The metaverse is expected to be a $950 billion market in 2030.
메타버스는 2030년에 9천5백억 달러의 시장이 될 것으로 예상됩니다.

Combustion engine cars are expected to disappear in a few decades.
연소 기관 자동차는 몇십 년 이내에 사라질 것으로 예상됩니다.

☑ voca
final exam 기말고사
metaverse 메타버스
combustion engine 연소 기관
decade 10년

3-2 본론 1 확인 퀴즈

Fill in the blanks with the appropriate words below.
적절한 단어로 아래 빈칸을 채우세요.

Topic 소주제   🎧 054.mp3

1_____, your investment will reduce the use of plastics by
60% within 5 years.
무엇보다도, 당신의 투자는 5년 이내에 플라스틱의 사용을 60% 감소시킬 것입니다.

Support 근거

The SST's plastics do not 2_____ any 3_____ sea turtles
4_____ they are environmentally water-soluble.
'학생창업팀'의 플라스틱은 환경친화적으로 물에 용해되므로 바다거북에게 아무런 해를 끼치지 않습니다.

The SST holds a 5_____ the technology.
'학생창업팀'은 그 기술에 대한 특허권을 보유하고 있습니다.

6_____ the US EPA, annually water-soluble plastics are
7_____ to replace 12% of water-insoluble ones.
미국 환경보호청에 따르면, 물에 용해되는 플라스틱은 매년 물에 용해되지 않는 플라스틱의 12%를 대체할 것으로 예상됩니다.

☑ Answer
1 Most of all
2 pose
3 harm to
4 because
5 patent for
6 According to
7 expected

95

4 본론 2

Dissect the paragraph below into the basic elements of a body.
아래 문단을 본론의 기본 요소별로 해부해 보세요.

🎧 055.mp3

At the same time, your investment will make a 900% profit within 7 years. A report by Yale University estimates that annually the market for water-soluble plastics will triple for the next 10 years. Sales are expected to be more than double each year for the next 7 years. So, the return on investment is calculated to be 900% within 7 years.

Topic 소주제

At the same time, your investment will make a 900% profit within 7 years.
동시에, 당신의 투자는 7년 이내에 900%의 수익을 올릴 것입니다.

Support 근거

A report by Yale University estimates that annually the market for water-soluble plastics will triple for the next 10 years.
예일대학교의 한 보고서는 향후 10년 동안 물에 용해되는 플라스틱 시장이 매년 3배가 될 것이라고 추정합니다.

Sales are expected to be more than double each year for the next 7 years.
향후 7년 동안 매출액이 매년 2배 이상이 될 것으로 예상됩니다.

So, the return on investment is calculated to be 900% within 7 years.
그래서, 투자수익률은 7년 이내 900%로 계산됩니다.

4-1 본론 2 속 표현

🎧 056.mp3

1. **At the same time**, your investment makes a profit.
   동시에, 당신의 투자는 수익을 올립니다.

'동시에'를 의미하는 'At the same time'은 앞서 언급한 소주제와 동등한 중요성을 갖는 소주제를 추가할 때 쓰이는 연결어 영어 표현이다.

At the same time, your project needs another investment.
동시에, 당신의 프로젝트는 또 다른 투자를 필요로 합니다.

At the same time, you should attract more investors.
동시에, 당신은 더 많은 투자자를 유치해야 합니다.

At the same time, your factory must protect the environment.
동시에, 당신의 공장은 환경을 보호해야 합니다.

At the same time, your company should protect labor rights.
동시에, 당신의 회사는 노동권을 보호해야 합니다.

At the same time, the new products contribute to sustainability.
동시에, 새로운 상품은 지속 가능성에 기여합니다.

At the same time, this campaign will enhance social values.
동시에, 이 캠페인은 사회적 가치를 향상시킬 것입니다.

☑ voca
attract 유치하다, 마음을 끌다
labor rights 노동권
contribute 기여하다
sustainability 지속 가능성
enhance 높이다
value 가치

2. It will make a 900% profit within 7 years.

그것은 7년 이내에 900%의 수익을 올릴 것입니다.

동사구 'make a profit within B'는 'B라는 기간 이내에 수익을 얻다, 혹은 이익을 얻다'라는 의미를 전달할 때 자주 쓰이는 영어 표현이다.

It will make a 0.5% profit within 3 days.

그것은 3일 이내에 0.5%의 수익을 올릴 것입니다.

It will make a 2% profit within 2 weeks.

그것은 2주 이내에 2%의 수익을 올릴 것입니다.

It will make an 8% profit within 2 months.

그것은 2개월 이내에 8%의 수익을 올릴 것입니다.

It will make a 15% profit within the first quarter of this year.

그것은 올해 1/4분기 이내에 15%의 수익을 올릴 것입니다.

It will make a 160% profit within 2 and half years.

그것은 2년 반 이내에 160%의 수익을 올릴 것입니다.

It will make a 1,000% profit within a decade.

그것은 10년 이내에 1,000%의 수익을 올릴 것입니다.

☑ voca
first quarter 1/4분기
half year 반년
decade 10년

058.mp3

3. A report by Yale University estimates 300% growth.
예일대학교의 한 보고서는 300%의 성장을 추정합니다.

'(대학, 연구소 등)이 발간한 보고서'를 의미하는 'A report by …'는 자신의 주장을 뒷받침하는 근거를 제시할 때 자주 쓰이는 영어 표현이다.

A report by Harvard University estimates a 50% increase in demand. 하버드대학교의 한 보고서는 50%의 수요 증가를 추정합니다.

A report by the Brookings Institution estimates a 4% price increase. 브루킹스연구소의 한 보고서는 4%의 가격 인상을 추정합니다.

A report by Oxford University estimates a 7% wage increase. 옥스퍼드대학교의 한 보고서는 7%의 임금 인상을 추정합니다.

A report by the Economic Policy Institute estimates a 3% tax increase. 경제정책연구소의 한 보고서는 3%의 세금 인상을 추정합니다.

A report by the University of Sydney estimates 20% GDP growth. 시드니대학교의 한 보고서는 20%의 국내총생산 성장을 추정합니다.

A report by the Cato Institute estimates 22% GNP growth. 케이토연구소의 한 보고서는 22%의 국민총생산 성장을 추정합니다.

☑ voca
demand 수요
institution 기관, 연구소
price 가격, 물가
wage 임금
GDP 국내총생산
GNP 국민총생산

Persuasive Presentations

4. The market will triple for the next 10 years.

향후 10년 동안 시장이 3배 성장할 것입니다.

'향후 A라는 기간 동안'을 의미하는 'for the next A'는 지금부터 시작해서 향후 얼마 동안 지속되는 기간을 설명할 때 자주 쓰이는 영어 표현이다.

The total market size will be double for the next 6 months.

향후 6개월 동안 전체 시장 규모는 2배가 될 것입니다.

The campaign will continue for the next 1 year.

향후 1년 동안 그 캠페인이 지속될 것입니다.

I plan to study business administration for the next 2 years.

향후 2년 동안 저는 경영학을 공부할 계획입니다.

He will serve as the US President for the next 4 years.

향후 4년 동안 그는 미합중국 대통령으로 봉사할 것입니다.

The demand for fossil fuels will decline for the next decade.

향후 10년 동안 화석 연료에 대한 수요가 감소할 것입니다.

The market for renewable energy will grow for the next 2 decades.

향후 20년 동안 재생 에너지 시장이 성장할 것입니다.

☑ voca
business administration 경영학
fossil fuel 화석 연료
decline 감소하다
renewable energy 재생 에너지

5. Sales will be more than double each year.
매출액이 매년 2배 이상이 될 것입니다.

'해마다' 혹은 '한 해도 빠짐없이'를 의미하는 'each year'는 특히 매년 반복적으로 벌어지는 어떤 변화를 설명할 때 자주 쓰이는 영어 표현이다.

Profits will grow more than 10% each year.
수익이 매년 10% 이상 증가할 것입니다.

Income will decline more than 5% each year.
소득이 매년 5% 이상 감소할 것입니다.

Net income will increase more than 20% each year.
순이익이 매년 20% 이상 증가할 것입니다.

Household income will grow more than 4% each year.
가계 소득이 매년 4% 이상 증가할 것입니다.

Disposal income will decrease more than 2.5% each year.
가처분 소득이 매년 2.5% 이상 감소할 것입니다.

Welfare Budget will increase more than 7% each year.
복지 예산이 매년 7% 이상 증가할 것입니다.

☑ voca
net income 순이익
household income 가계 소득
disposal income 가처분 소득
welfare budget 복지 예산

6. The ROI is calculated to be 900% within 7 years.
투자수익률은 7년 이내 900%로 계산됩니다.

'A is calculated to be B'는 'A는 B로 계산되다' 혹은 'A의 계산 결과는 B이다'라는 의미를 전달할 때 자주 쓰이는 영어 표현이다.

The score is calculated to be 95.
점수는 95로 계산됩니다.

His GPA is calculated to be 3.9.
그의 (성적)평점은 3.9로 계산됩니다.

A 15% tip is calculated to be $12.
15% 팁은 12달러로 계산됩니다.

Total expenses are calculated to be $125,000.
전체 비용은 12만5천 달러로 계산됩니다.

US GDP per capita is calculated to be around $55,000 in 2021.
2021년 미국의 1인당 국내총생산은 약 5만5천 달러로 계산됩니다.

Korea's GDP per capita is calculated to be around $28,000 in 2021.
2021년 한국의 1인당 국내총생산은 약 2만8천 달러로 계산됩니다.

☑ voca
ROI(Return On Investment) 투자수익률
score 점수
GPA(Grade Point Average) 평점
expense 비용

4-2 본론 2 확인 퀴즈

Fill in the blanks with the appropriate words below.
적절한 단어로 아래 빈칸을 채우세요.

Topic 소주제   ⌒ 062.mp3

1_____, your investment will 2_____ 900%
3_____ within 7 years.
동시에, 당신의 투자는 7년 이내에 900%의 수익을 올릴 것입니다.

Support 근거

4_____ by Yale University estimates that annually the market for
water-soluble plastics will triple for 5_____ 10 years.
예일대학교의 한 보고서는 향후 10년 동안 물에 용해되는 플라스틱 시장이 매년 3배가 될 것이라고 추
정합니다.

Sales are expected to be more than double 6_____ for the next 7
years.
향후 7년 동안 매출액이 매년 2배 이상이 될 것으로 예상됩니다.

So, the return on investment is 7_____ to be 900% within 7
years.
그래서, 투자수익률은 7년 이내 900%로 계산됩니다.

☑ Answer
1 At the same time
2 make a
3 profit
4 A report
5 the next
6 each year
7 calculated

5 결론

Dissect the paragraph below into the basic elements of a conclusion.
아래 문단을 결론의 기본 요소별로 해부해 보세요.

🎧 063.mp3

To sum up, a $1 million investment in the SST is the best choice not only to save sea turtles in danger but also to make money in the right way. You are already well-known as a proponent of ESG. That is great! However, your investment will add another awesome image on your reputation: 'a Savior of Sea Turtles'. Thank you for your time.

Thesis + Summary 논지 + 소주제 요약

To sum up, a $1 million investment in the SST is the best choice not only to save sea turtles in danger but also to make money in the right way.

요약하자면, '학생창업팀'에 대한 1백만 달러 투자는 위험에 처한 바다거북을 구할 뿐만 아니라 올바른 방법으로 돈도 버는 최선의 선택입니다.

Addition 추가

You are already well-known as a proponent of ESG. That is great!

당신은 ESG의 지지자로 이미 잘 알려져 있습니다. 그거 대단합니다!

However, your investment will add another awesome image on your reputation: 'a Savior of Sea Turtles'.

그러나 당신의 투자는 당신의 명성에 '바다거북의 구원자'라는 또 다른 경탄할 만한 이미지를 더해 줄 것입니다.

Thank you for your time.

시간을 내어 주셔서 감사합니다.

5-1 결론 속 표현

🎧 064.mp3

1. To sum up, investment in the SST is the best choice.
   요약하자면, SST에 대한 투자는 최선의 선택입니다.

'요약하자면, 요컨대'를 의미하는 'To sum up'은 지금까지 말한 내용을 정리해서 결론을 제시할 때 자주 쓰이는 연결어 영어 표현이다.

To sum up, you have a better option.
요약하자면, 당신은 더 좋은 옵션을 가지고 있습니다.

To sum up, this is the best alternative.
요약하자면, 이것이 최선의 대안입니다.

To sum up, what you proposed is a bad solution.
요약하자면, 당신이 제안한 것은 나쁜 해결책입니다.

To sum up, the ongoing project will be a big failure.
요약하자면, 현재 진행 중인 프로젝트는 대실패일 것입니다.

To sum up, your participation is a precondition for my investment. 요약하자면, 당신의 참여가 저의 투자에 대한 전제 조건입니다.

To sum up, it is the worst choice to invest in this company.
요약하자면, 이 회사에 투자하는 것은 최악의 선택입니다.

☑ voca
option 옵션, 선택지
alternative 대안
solution 해결책
participation 참여
precondition 전제 조건

2. Investment in the SST is the best choice to save turtles.
SST에 대한 투자는 바다거북을 구할 최선의 선택입니다.

'A할 최선의 선택'을 의미하는 'the best choice to A'는 여러 가지 중 어떤 행동(A)을 하기에 가장 좋은 선택지를 설명할 때 쓰이는 영어 표현이다.

To reduce plastics is the best choice to protect the environment.
플라스틱을 줄이는 것이 환경을 보호할 최선의 선택입니다.

The policy of 'No Plastics' is the best choice to keep the Earth clean. '노 플라스틱' 정책이 지구를 깨끗하게 유지할 최선의 선택입니다.

Reusable water bottles are the best choice to reduce plastics.
재사용할 수 있는 물병이 플라스틱을 줄일 최선의 선택입니다.

Reusable shopping bags are the best choice to save sea animals.
재사용할 수 있는 쇼핑 가방이 해양 동물들을 구할 최선의 선택입니다.

To keep the ocean clean is the best choice to preserve biodiversity. 바다를 깨끗하게 유지하는 것이 생물 다양성을 보존할 최선의 선택입니다.

Donation to the WWF is the best choice to conserve the ecosystem. 세계자연기금에 대한 기부가 생태계를 보존할 최선의 선택입니다.

☑ voca
reduce 줄이다
policy 정책
biodiversity 생물 다양성
donation 기부
conserve 보존하다
ecosystem 생태계

3. **It is the best choice to** make money in the right way.
올바른 방법으로 돈을 버는 것은 좋은 선택입니다.

동사구 'make money in the right way'는 '올바른 방법으로 돈을 벌다 혹은 수익을 얻다'라는 의미를 전달할 때 쓰이는 영어 표현이다.

It is an ethical rule to make money in the right way.
올바른 방법으로 돈을 버는 것은 윤리 규칙입니다.

It is a moral principle to make money in the right way.
올바른 방법으로 돈을 버는 것은 도덕 원칙입니다.

It is a family tradition to make money in the right way.
올바른 방법으로 돈을 버는 것은 집안 전통입니다.

It is a religious teaching to make money in the right way.
올바른 방법으로 돈을 버는 것은 종교적 가르침입니다.

It is a principle of investment to make money in the right way.
올바른 방법으로 돈을 버는 것은 투자 원칙입니다.

It is a corporate social responsibility to make money in the right way. 올바른 방법으로 돈을 버는 것은 기업의 사회적 책임입니다.

☑ voca
ethical 윤리적인
moral 도덕적인
principle 원칙
tradition 전통
CSR 기업의 사회적 책임
(Corporate Social Responsibility)

4. You are well-known as a proponent of ESG.
당신은 ESG의 지지자로 잘 알려져 있습니다.

동사구 'be well-known as A'는 'A로서 명성이 높다' 혹은 'A로 잘 알려져 있다'라는 의미를 전달할 때 자주 쓰이는 영어 표현이다.

Jack Andraka is well-known as an intelligent student.
잭 앤드라카는 총명한 학생으로 잘 알려져 있습니다.

Don Quixote is well-known as an ambitious person.
돈키호테는 야심 있는 사람으로 잘 알려져 있습니다.

Adam Grant is well-known as an insightful scholar.
애덤 그랜트는 통찰력 있는 학자로 잘 알려져 있습니다.

Mark Zuckerberg is well-known as a successful founder.
마크 저커버그는 성공적인 창업자로 잘 알려져 있습니다.

Carl Rogers is well-known as an empathetic counselor.
칼 로저스는 감정 이입을 잘하는 상담가로 잘 알려져 있습니다.

Winston Churchill is well-known as a confident speaker.
윈스턴 처칠은 확신에 찬 연설가로 잘 알려져 있습니다.

☑ voca
proponent 지지자
intelligent 총명한
ambitious 야심 있는
insightful 통찰력 있는
empathetic 감정 이입의, 공감가는
confident 확신에 찬

5. It will add an awesome image on your reputation.

그것은 당신의 명성에 경탄할 만한 이미지를 더해 줄 것입니다.

동사구 'add A on B'는 'A에 B를 더하다' 혹은 'A에 B를 추가하다'라는 의미를 전달할 때 자주 쓰이는 영어 표현이다.

This dress adds a luxurious image on you.

이 드레스는 당신에게 고급스러운 이미지를 더해 줍니다.

The commercial will add a cool image on the new products.

(그) 광고 방송은 (그) 신상품에 멋진 이미지를 더해 줄 것입니다.

'Save the Earth' campaign added a green image on the company.

'지구 살리자' 캠페인은 (그) 회사에 녹색 이미지를 더했습니다.

Black color may add a sophisticated image on your brand.

검은색은 당신의 브랜드에 세련된 이미지를 더해 줄 수도 있습니다.

Silver color will add a futuristic image on a new concept car.

은색은 새로운 콘셉트 차에 미래를 상상하는 이미지를 더해 줄 것입니다.

Your donation to a charity added a good image on your family.

자선 단체에 대한 당신의 기부는 당신 가족에게 좋은 이미지를 더했습니다.

☑ voca
reputation 명성
luxurious 호화로운, 고급스러운
cool 멋진
sophisticated 세련된
futuristic 미래를 상상하는

6. Thank you for your time.
시간을 내어 주셔서 감사합니다.

'당신의 A에 대해 감사하다'를 의미하는 'Thank you for your A'는 상대방의 어떤 행동에 대해 감사함을 전달할 때 쓰이는 영어 표현이다.

Thank you for your attendance.
(당신이) 참석해 주셔서 감사합니다.

Thank you for your participation.
(당신이) 참여해 주셔서 감사합니다.

Thank you for your kindness.
(당신이) 친절하게 대해 주셔서 감사합니다.

Thank you for your patience.
(당신이) (오랫동안) 기다려 주셔서 감사합니다.

Thank you for your question.
(당신이) 질문해 주셔서 감사합니다.

Thank you for your answer.
(당신이) 답변해 주셔서 감사합니다.

☑ voca
attendance 참석
participation 참여
patience 인내, 기다림

5-2 결론 확인 퀴즈

Fill in the blanks with the appropriate words below.
적절한 단어로 아래 빈칸을 채우세요.

Thesis + Summary 논지 + 소주제 요약   🎧 070.mp3

1_____, a \$1 million investment in the SST is 2_____
not only to save sea turtles in danger but also to 3_____ in the
right way.
요약하자면, '학생창업팀'에 대한 1백만 달러 투자는 위험에 처한 바다거북을 구할 뿐만 아니라 올바른
방법으로 돈도 버는 최선의 선택입니다.

Addition 추가

You are already 4_____ a proponent of ESG. That is great!
당신은 ESG의 지지자로 이미 잘 알려져 있습니다. 그거 대단합니다!

However, your investment will 5_____ another awesome image
6_____ your reputation: 'a Savior of Sea Turtles'.
그러나 당신의 투자는 당신의 명성에 '바다거북의 구원자'라는 또 다른 경탄할 만한 이미지를 더해 줄
것입니다.

Thank you 7_____ time.
시간을 내어 주셔서 감사합니다.

☑ Answer
1 To sum up
2 the best choice
3 make money
4 well-known as
5 add
6 on
7 for your

111

6 표현 복습

🎧 071.mp3

Surprisingly, 52% of sea turtles have eaten plastics.
놀랍게도, 52%의 바다거북이 플라스틱을 먹은 적이 있습니다.

They mistake plastic garbage for food.
그들은 플라스틱 쓰레기를 음식으로 착각합니다.

A lot of sea turtles die from eating plastics.
많은 바다거북들이 플라스틱을 먹어서 죽습니다.

Now, it is time to stop this tragedy.
이제 이 비극을 끝내야 할 시간입니다.

Invest only $1 million in the Student Startup Team.
단지 1백만 달러만 '학생창업팀'에 투자하세요.

You can make a profit as well as reduce plastics.
당신은 플라스틱을 감소시킬 뿐만 아니라 이익도 얻을 수 있습니다.

Most of all, your investment will reduce plastics.
무엇보다도, 당신의 투자는 플라스틱을 감소시킬 것입니다.

Our plastics do not pose any harm to sea turtles.
저희의 플라스틱은 바다거북에게 아무런 해를 끼치지 않습니다.

They are harmless because they are water-soluble.
(그것들은) 물에 용해되기 때문에, 그것들은 무해합니다.

The SST holds a patent for the technology.
SST는 그 기술에 대한 특허권을 보유하고 있습니다.

According to the EPA, insoluble plastics are replaced.
환경보호청에 따르면, 용해되지 않는 플라스틱은 대체됩니다.

They are expected to replace insoluble plastics.
그것들이 용해되지 않는 플라스틱을 대체할 것으로 예상됩니다.

At the same time, your investment makes a profit.
동시에, 당신의 투자는 수익을 올립니다.

It will make a 900% profit within 7 years.
그것은 7년 이내에 900%의 수익을 올릴 것입니다.

A report by Yale University estimates 300% growth.
예일대학교의 한 보고서는 300%의 성장을 추정합니다.

The market will triple for the next 10 years.
향후 10년 동안 시장이 3배 성장할 것입니다.

Sales will be more than double each year.
매출액이 매년 2배 이상 될 것입니다.

The ROI is calculated to be 900% within 7 years.
투자수익률은 7년 이내 900%로 계산됩니다.

To sum up, investment in the SST is the best choice.
요약하자면, SST에 대한 투자는 최선의 선택입니다.

Investment in the SST is the best choice to save turtles.
SST에 대한 투자는 바다거북을 구할 최선의 선택입니다.

It is the best choice to make money in the right way.

올바른 방법으로 돈을 버는 것은 최선의 선택입니다.

You are well-known as a proponent of ESG.

당신은 ESG의 지지자로 잘 알려져 있습니다.

It will add an awesome image on your reputation.

그것은 당신의 명성에 경탄할 만한 이미지를 더해 줄 것입니다.

Thank you for your time.

시간을 내어 주셔서 감사합니다.

6-1 스크립트 다시 보기

Fill in the blanks with the appropriate words below.
적절한 단어로 아래 빈칸을 채우세요.

🎧 072.mp3

_____, 52% of all sea turtles have eaten plastic particles because they _____ plastic garbage _____ food. According to the WWF, annually more than 1,000 sea turtles _____ eating plastics. Now, _____ to stop this tragedy. Invest only $1 million _____ the Student Startup Team. Then, you can make a profit _____ reduce plastics.

_____, your investment will reduce the use of plastics by 60% within 5 years. The SST's plastics do not _____ any _____ sea turtles _____ they are environmentally water-soluble. The SST holds a _____ the technology. _____ the US EPA, annually water-soluble plastics are _____ to replace 12% of water-insoluble ones.

_____, your investment will _____ 900% _____ within 7 years. _____ by Yale University estimates that annually the market for water-soluble plastics will triple for _____ 10 years. Sales are expected to be more than double_____ for the next 7 years. So, the return on investment is _____ to be 900% within 7 years.

_____, a $1 million investment in the SST is _____ not only to save sea turtles in danger but also to _____ in the right way. You are already _____ a proponent of ESG. That is great! However, your investment will _____ another awesome image _____ your reputation: 'a Savior of Sea Turtles'. Thank you _____ time.

전체 스크립트는 76페이지, 해석은 79페이지를 확인하세요.

6-2 질문과 답변

Read the sample Q&A at least 3 times, loudly and clearly.
예시 질문과 답변을 최소 3번, 큰 소리로 또렷하게 읽으세요.

🎧 073.mp3

Do you have any questions? I would be happy to answer any questions.

혹시 질문 있으신가요? 어떤 질문이라도 제가 답변드릴 수 있다면, 저는 행복할 것입니다.

Sample Question 예시 질문

Wow! That is quite impressive. Thank you for your presentation.

와우! 매우 인상적입니다. 당신의 프레젠테이션에 감사합니다.

I have 2 questions. First, do you have any competitor in the market?

2가지 질문이 있습니다. 첫째, 시장에 경쟁자가 있으신가요?

Second, what are you going to do with the $1 million investment?

둘째, 1백만 달러 투자 받을 돈으로 무엇을 하려고 합니까?

First of all, on behalf of all the team members, I want to say "Thank you for your interest in the SST." Let me briefly answer your questions.

무엇보다 먼저, 모든 팀 멤버들을 대신해서 "SST에 관심을 가져주셔서 감사합니다."라고 말씀드리고 싶습니다. 간단히 질문에 답변하겠습니다.

First, the SST is the first and only player in the market. So, currently, there is no meaningful competitor, especially due to our patent protection.

첫째, SST는 첫 번째이자 유일한 시장 참여자입니다. 따라서, 특히 특허권 보호 때문에, 현재 의미 있는 경쟁자는 없습니다.

Of course, there are 2 fast followers: one in Japan and the other in Germany. However, according to our estimation, it will take at least 2 years for them to enter the market.

물론, 빠르게 추격하는 2개 기업이 있습니다. 하나는 일본에, 다른 하나는 독일에 있습니다. 그러나, 저희의 평가에 따르면, 이들 기업이 시장에 진입하는 데에는 최소한 2년이 걸릴 것입니다.

Second, as CEO and founder of the SST, I will spend all the money, your investment of $1 million, only on scaling up the manufacturing facility.

둘째, SST의 최고 경영자이자 창업자로서, 저는 당신의 투자금 1백만 달러 전체를 오로지 제조시설 확대에만 사용할 것입니다.

For the best interests of shareholders, hopefully including you, every single penny must be invested in order to meet the rapidly growing demand from all over the world.

희망하기로는 당신을 포함한 주주들의 최고 이익을 위해서, 심지어 동전 한 닢이라도, 빠르게 증가하는 전 세계적 수요를 감당하기 위해 사용되어야 합니다.

If you need any further information about the SST, please do not hesitate to contact me. Thank you again.

SST에 대한 정보가 더 필요하면, 주저하지 말고 연락주세요. 다시 한번 더 감사드립니다.

7-1 실전 연습 - 개요짜기

Conduct your own outlining for a persuasive presentation.
설득 프레젠테이션을 위한 여러분만의 개요짜기를 해보세요.

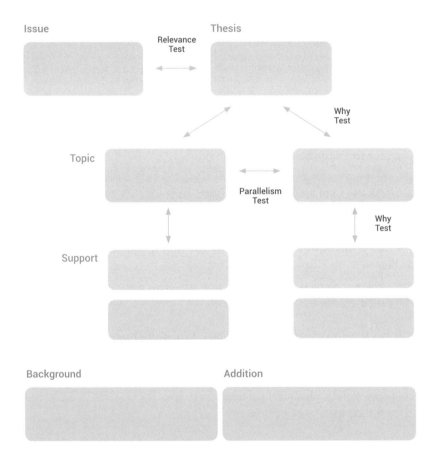

7-2 실전 연습 – 스크립트 쓰기

Prepare your own script for a persuasive presentation.
설득 프레젠테이션을 위한 여러분만의 스크립트를 준비하세요.

▶ **Introduction**

Background

_____

_____

_____

_____

Thesis

_____

_____

_____

Blueprint

_____

_____

_____

▶ Body 1

Topic

_____

_____

_____

Support

_____

_____

_____

_____

_____

▶ Body 2

Topic

_____

_____

_____

Support

_____

_____

_____

_____

_____

▶ Conclusion

Thesis + Summary

_____

_____

_____

_____

Addition

_____

_____

_____

_____

7-3 실전 연습 - 예시 스크립트

Read the sample script for a persuasive presentation.
설득 프레젠테이션의 예시 스크립트를 읽으세요.

🎧 074.mp3

Surprisingly, 84% of the world's energy came from fossil fuels in 2019. According to *Statistical Review of World Energy 2020*, oil, coal and natural gas created, respectively, 33%, 27% and 24% of the energy. However, they are unsustainable and dirty. Now, it is time to increase nuclear power plants considering their efficiency and cleanliness.

Most of all, nuclear power is efficient. For example, only a single gummy bear-sized uranium fuel pellet can generate as much energy as 149 gallons of oil, 1 ton of coal or 17,000 cubic feet of natural gas. What's more, unlike renewable energy sources such as wind and sun, nuclear power plants can operate 24 hours a day, 365 days a year.

In addition, nuclear power is clean. The heat—150 million degrees Celsius—released during the process of nuclear fission, makes steam that spins a turbine without emitting any pollutants. According to the Nuclear Energy Institute, in 2019, about 476 million tons of CO_2 emissions were avoided in the US because of nuclear power plants.

In conclusion, judging from its efficiency and cleanliness, nuclear power is the best energy source to replace fossil fuels. There is still a concern about its safety. However, scientifically, nuclear power is much safer due to improved technologies and heightened regulations. The risk of accidents is low and declining. Thank you.

7-4 실전 연습 - 개요짜기

Complete the outlining sheet, based on the sample script.
예시 스크립트에 근거해서, 개요짜기 시트를 완성하세요.

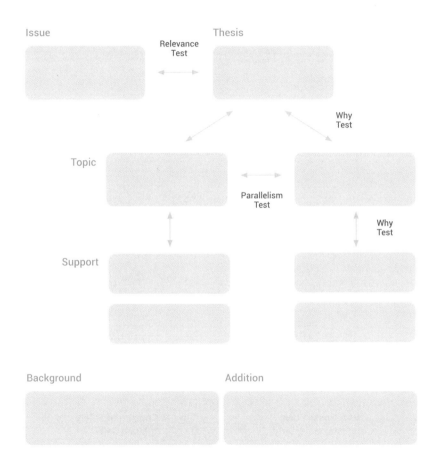

Issue

Relevance Test

Thesis

Why Test

Topic

Parallelism Test

Why Test

Support

Background

Addition

7-5 실전 연습 - 개요짜기 비교하기

Compare your own outlining sheet with the following one.
당신이 직접 작성한 개요짜기 시트를 아래의 것과 비교하세요.

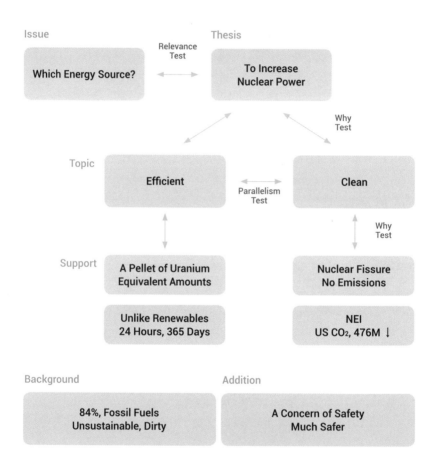

7-6 실전 연습 - 해석 살펴보기

Read carefully the following translation in Korean.
다음 한국어 번역을 꼼꼼하게 읽으세요.

"원자력 발전소 확대" 관련 설득

놀랍게도, 2019년 세계 에너지의 84%가 화석 연료로 만들어졌습니다. '2020 세계 에너지 통계 리뷰'에 따르면, 석유, 석탄 그리고 천연가스가 각각 세계 에너지의 33%, 27% 그리고 24%를 만들었습니다. 그러나 그것들은 지속 가능하지 않고 더럽습니다. 효율성과 청결성을 고려하자면, 이제 원자력 발전소를 확대해야 할 시간입니다.

무엇보다, 원자력은 효율적입니다. 예컨대, 149 갤런의 석유, 1톤의 석탄 혹은 1만7천 입방 피트의 천연가스로 만들 수 있는 양의 에너지를 단지 '곰 모양 젤리' 크기의 우라늄 연료 알갱이 1개로 생산할 수 있습니다. 더욱이, 바람, 태양과 같은 재생 에너지원과 달리, 원자력 발전소는 매일 24시간, 매년 365일 운영될 수 있습니다.

이에 더해, 원자력은 청결합니다. 핵분열 과정 중 발생하는 섭씨 1억5천만 도의 열이 증기를 만듭니다. 어떤 오염 물질도 배출하지 않으면서, 그 증기가 터빈을 회전시킵니다. '핵에너지 연구원'에 따르면, 원자력 발전소로 인해 2019년 미국에서 약 4억7천6백만 톤의 이산화탄소 배출이 회피되었습니다.

결론적으로, 효율성과 청결성 측면에서 판단하자면, 원자력은 화석 연료를 대체할 가장 좋은 에너지원입니다. 원자력의 안전에 대한 염려가 여전히 있습니다. 그러나, 향상된 기술과 강화된 규제로 인해, 과학적으로, 원자력은 훨씬 더 안전합니다. 사고의 위험은 낮으며, 줄어들고 있습니다. 감사합니다.

☑ 1 갤런은 미국에서 약 3.785 리터, 영국, 캐나다 등에서는 약 4.546 리터이다.
☑ 1 입방 피트는 약 0.028 입방 미터이다.
☑ Gummy Bear 젤리 1개의 길이는 약 2 cm이다.

Expository Presentations

Chapter

03

설명
프레젠테이션

1 스크립트 미리 보기

Read the following script at least 3 times, loudly and clearly.
다음 스크립트를 최소 3번, 큰 소리로 또렷하게 읽으세요.

🎧 075.mp3

Who can deny the importance of liberty in our lives? "Life without liberty is like a body without spirit." This is quoted from Khalil Gibran, a famous writer. Yes, liberty is an essential value. Then, have you ever heard of the term 'liberal peace'? Let me explain the meaning of 'liberal peace' from political and economic aspects.

Firstly, liberty is realized as a political system called 'democracy', which contributes to peace. Rational citizens in a democratic state tend to prefer peaceful solutions to wars which would endanger their own lives. For example, Professor Bruce Russett from Yale explained such a phenomenon with the term 'democratic peace'.

Secondly, liberty is realized as an economic system called 'market', which leads to peace. The market brings up the middle class. Those in the middle class are likely to avoid wars which would destroy their wealth. With the metaphor of McDonald's to denote the middle class, Thomas Friedman suggested the Golden Arches Theory of Peace.

In summary, 'liberal peace' is a term to describe a phenomenon where liberty promotes peace. As already explained, political liberty or democracy leads to peace, and economic liberty or the market leads to peace. In fact, current international systems such as the UN and the WTO were established based on this concept.

1-1 개요짜기

Complete the outlining sheet, based on the script.
스크립트에 근거해서, 개요짜기 시트를 완성하세요.

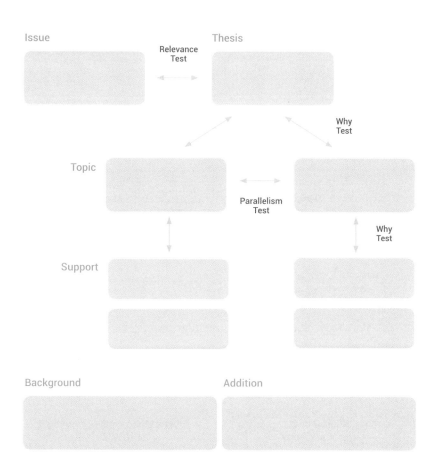

Issue

Thesis

Relevance
Test

Why
Test

Topic

Parallelism
Test

Why
Test

Support

Background

Addition

1-2 개요짜기 비교하기

Compare your own outlining sheet with the following one.
당신이 직접 작성한 개요짜기 시트를 아래의 것과 비교하세요.

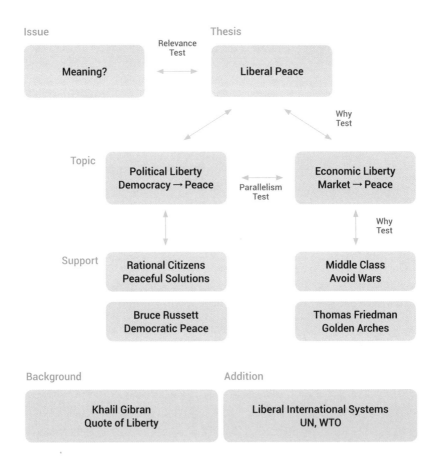

1-3 해석 살펴보기

Read carefully the following translation in Korean.
다음 한국어 번역을 꼼꼼하게 읽으세요.

"'자유주의 평화'의 의미"에 대한 설명

우리의 삶에 있어 자유의 중요성을 누가 부인할 수 있겠습니까? "자유 없는 삶은 영혼 없는 육체와 같다." 이것은 유명한 작가인 칼릴 지브란을 인용한 것입니다. 그렇습니다. 자유는 본질적 가치입니다. 그렇다면, '자유주의 평화'라는 용어를 들어본 적이 있습니까? 정치적 그리고 경제적 측면에서, '자유주의 평화'의 의미를 설명해 보겠습니다.

첫째, 자유는 평화에 기여하는 '민주주의'라는 정치 체제로 현실화됩니다. 민주주의 국가의 합리적인 시민들은 자기 자신의 생명을 위험에 빠트릴 수도 있는 전쟁보다는 평화로운 해결책을 선호하는 경향이 있습니다. 예컨대, 예일(대학교)의 브루스 러셋 교수는 그러한 현상을 '민주적 평화'라는 용어로 설명했습니다.

둘째, 자유는 평화로 이어지는 '시장'이라는 경제 체제로 현실화됩니다. 시장은 중산층을 기릅니다. 중산층에 속하는 사람들은 자신의 재산을 파괴할 수도 있는 전쟁을 피할 것 같습니다. 중산층을 의미하는 맥도날드 은유로, 토마스 프리드먼은 맥도날드 평화이론을 제시했습니다.

요컨대, '자유주의 평화'는 자유가 평화를 증진하는 현상을 묘사하는 용어입니다. 이미 설명한 바와 같이, 정치적 자유 혹은 민주주의가 평화로 이어지고, 경제적 자유 혹은 시장도 평화로 이어집니다. 사실, 국제연합, 세계무역기구와 같은 현재의 국제 체제들은 이 개념에 기반해서 설립되었습니다.

☑ Bruce Russett 교수는 '민주적 평화'의 개념을 *Grasping the Democratic Peace: Principles for a Post-Cold War World* (1994, Princeton Univ. Press)라는 책에서 제시했다.

2 서론

Dissect the paragraph below into the basic elements of an introduction.
아래 문단을 서론의 기본 요소별로 해부해 보세요.

🎧 076.mp3

Who can deny the importance of liberty in our lives? "Life without liberty is like a body without spirit." This is quoted from Khalil Gibran, a famous writer. Yes, liberty is an essential value. Then, have you ever heard of the term 'liberal peace'? Let me explain the meaning of 'liberal peace' from political and economic aspects.

Background 배경

Who can deny the importance of liberty in our lives?
우리의 삶에 있어 자유의 중요성을 누가 부인할 수 있겠습니까?

"Life without liberty is like a body without spirit." This is quoted from Khalil Gibran, a famous writer.
"자유 없는 삶은 영혼 없는 육체와 같다." 이것은 유명한 작가인 칼릴 지브란을 인용한 것입니다.

Yes, liberty is an essential value. Then, have you ever heard of the term 'liberal peace'?
그렇습니다. 자유는 본질적 가치입니다. 그렇다면, '자유주의 평화'라는 용어를 들어본 적이 있습니까?

Thesis + Blueprint 논지 + 소주제 소개

Let me explain the meaning of 'liberal peace' from political and economic aspects.
정치적 그리고 경제적 측면에서, '자유주의 평화'의 의미를 설명해 보겠습니다.

2-1 서론 속 표현

🎧 077.mp3

1. **Who can deny the importance of liberty?**
   자유의 중요성을 누가 부인할 수 있겠습니까?

'A의 중요성을 누가 부인할 수 있나?'를 의미하는 'Who can deny the importance of A?'는 A의 중요성을 '강조'할 때 쓰이는 영어 표현이다.

Who can deny the importance of **equality?**
평등의 중요성을 누가 부인할 수 있겠습니까?

Who can deny the importance of **justice?**
정의의 중요성을 누가 부인할 수 있겠습니까?

Who can deny the importance of **peace?**
평화의 중요성을 누가 부인할 수 있겠습니까?

Who can deny the importance of **love?**
사랑의 중요성을 누가 부인할 수 있겠습니까?

Who can deny the importance of **presentation?**
프레젠테이션의 중요성을 누가 부인할 수 있겠습니까?

Who can deny the importance of **communication?**
의사소통의 중요성을 누가 부인할 수 있겠습니까?

Expository Presentations

☑ voca
equality 평등
justice 정의
peace 평화
communication 의사소통

2. Life without liberty is like a body without spirit.
자유 없는 삶은 영혼 없는 육체와 같습니다.

'A는 B와 같다'를 의미하는 'A is like B'는 직유법Simile의 방법으로 두 대상을 직접적으로 비유할 때 자주 쓰이는 영어 표현이다.

Life is like a race.
인생은 경주와 같습니다.

Time is like a river.
시간은 (흐르는) 강과 같습니다.

Every death is like the burning of a library.
모든 죽음은 하나의 도서관이 불타는 것과 같습니다.

Reading is like talking to a friend.
독서는 친구에게 말하는 것과 같습니다.

A man without education is like a building without foundation.
교육 받지 못한 사람은 기초 없는 건물과 같습니다.

A presentation is like a journey.
프레젠테이션은 여행과 같습니다.

☑ voca
race 경주
education 교육
foundation 기초
journey 여행

3. This is quoted from Khalil Gibran.
이것은 칼릴 지브란을 인용한 것입니다.

'A로부터 따오다, A를 인용하다'를 의미하는 'be quoted from A'는 객관성과 정확성을 위해 근거의 출처를 설명할 때 쓰이는 영어 표현이다.

This expression is quoted from Charles Darwin.
이 표현은 찰스 다윈을 인용한 것입니다.

This sentence is quoted from Adam Smith.
이 문장은 아담 스미스을 인용한 것입니다.

This phrase is quoted from the Bible.
이 구절는 성경을 인용한 것입니다.

This paragraph is quoted from *On the Origin of Species*.
이 문단은 『종의 기원』을 인용한 것입니다.

"Simplicity is the ultimate sophistication." is quoted from Steve Jobs. "단순함은 궁극의 정교함이다."는 스티브 잡스를 인용한 것입니다.

"To be, or not to be" is quoted from Shakespeare's play, *Hamlet*.
"사느냐, 죽느냐"는 셰익스피어의 희곡 『햄릿』을 인용한 것입니다.

☑ voca
expression 표현
Bible 성경
origin 기원
species 종
simplicity 단순함
ultimate 궁극의
sophistication 정교함
play 희곡

4. Yes, liberty is an essential value.

그렇습니다. 자유는 본질적 가치입니다.

'A는 본질적 가치이다'를 의미하는 'A is an essential value'는 A가 필수적일 만큼 지극히 중요한 가치임을 강조할 때 쓰이는 영어 표현이다.

Yes, autonomy is an essential value.

그렇습니다. 자율성은 본질적 가치입니다.

Yes, integrity is an essential value.

그렇습니다. 진실성은 본질적 가치입니다.

Yes, humility is an essential value.

그렇습니다. 겸손은 본질적 가치입니다.

Yes, altruism is an essential value.

그렇습니다. 이타심은 본질적 가치입니다.

Yes, compassion is an essential value.

그렇습니다. 연민은 본질적 가치입니다.

Yes, tolerance is an essential value.

그렇습니다. 관용은 본질적 가치입니다.

☑ voca
autonomy 자율성
integrity 진실성
humility 겸손
altruism 이타심
compassion 연민, 동정심
tolerance 관용

5. Have you ever heard of the term 'liberal peace'?
'자유주의 평화'라는 용어를 들어본 적이 있습니까?

'A를 들어본 적이 있나?'를 의미하는 'Have you ever heard of A?'는 질문을 통해 청중의 관심을 A에 집중시킬 때 자주 쓰이는 영어 표현이다.

Have you ever heard of the term 'democratic peace'?
'민주적 평화'라는 용어를 들어본 적이 있습니까?

Have you ever heard of the term 'capitalist peace'?
'자본가 평화'라는 용어를 들어본 적이 있습니까?

Have you ever heard of the term 'perpetual peace'?
'영구 평화'라는 용어를 들어본 적이 있습니까?

Have you ever heard of the term 'balance of power'?
'세력균형'이라는 용어를 들어본 적이 있습니까?

Have you ever heard of the term 'political liberalism'?
'정치적 자유주의'라는 용어를 들어본 적이 있습니까?

Have you ever heard of the term 'international peace'?
'국제 평화'라는 용어를 들어본 적이 있습니까?

☑ voca
democratic 민주주의의
capitalist 자본가
perpetual 영원한, 영구적인
balance 균형
political 정치적
international 국제적

6. Let me explain it from a political aspect.
정치적 측면에서 이것을 설명해 보겠습니다.

'B의 측면에서 A를 설명하다'를 의미하는 'explain A from B aspect'는 특히, 논지를 뒷받침하는 소주제를 제시할 때 자주 쓰이는 영어 표현이다.

I will explain it from an economic aspect.
저는 경제적 측면에서 이것을 설명할 것입니다.

I want to explain it from a social aspect.
저는 사회적 측면에서 이것을 설명하고 싶습니다.

I intend to explain it from an environmental aspect.
저는 환경적 측면에서 이것을 설명하고자 합니다.

I plan to explain it from a technological aspect.
저는 기술적 측면에서 이것을 설명할 계획입니다.

I need to explain it from an individual aspect.
저는 개인적 측면에서 이것을 설명할 필요가 있습니다.

I must explain it from an ecological aspect.
저는 생태적 측면에서 이것을 설명해야 합니다.

☑ voca
aspect 측면, 양상
economic 경제적
social 사회적
technological 기술적
individual 개인적
ecological 생태계의

2-2 서론 확인 퀴즈

Fill in the blanks with the appropriate words below.
적절한 단어로 아래 빈칸을 채우세요.

Background 배경   🎧 083.mp3

1_____ the importance of liberty in our lives?
우리의 삶에 있어 자유의 중요성을 누가 부인할 수 있겠습니까?

"Life without liberty 2_____ a body without spirit." This is
3_____ Khalil Gibran, a famous writer.
"자유 없는 삶은 영혼 없는 육체와 같다." 이것은 유명한 작가인 칼릴 지브란을 인용한 것입니다.

Yes, liberty is an 4_____ value. Then, have you 5_____
the term 'liberal peace'?
그렇습니다. 자유는 본질적 가치입니다. 그렇다면, '자유주의 평화'라는 용어를 들어본 적이 있습니까?

Thesis + Blueprint 논지 + 소주제 소개

Let me explain the meaning of 'liberal peace' 6_____ political and
economic 7_____.
정치적 그리고 경제적 측면에서, '자유주의 평화'의 의미를 설명해 보겠습니다.

✓ Answer
1 Who can deny
2 is like
3 quoted from
4 essential
5 ever heard of
6 from
7 aspects

3 본론 1

Dissect the paragraph below into the basic elements of a body.
아래 문단을 본론의 기본 요소별로 해부해 보세요.

⌒ 084.mp3

Firstly, liberty is realized as a political system called 'democracy', which contributes to peace. Rational citizens in a democratic state tend to prefer peaceful solutions to wars which would endanger their own lives. For example, Professor Bruce Russett from Yale explained such a phenomenon with the term 'democratic peace'.

Topic 소주제

Firstly, liberty is realized as a political system called 'democracy', which contributes to peace.
첫째, 자유는 평화에 기여하는 '민주주의'라는 정치 체제로 현실화됩니다.

Support 근거

Rational citizens in a democratic state tend to prefer peaceful solutions to wars which would endanger their own lives.
민주주의 국가의 합리적인 시민들은 자기 자신의 생명을 위험에 빠트릴 수도 있는 전쟁보다는 평화로운 해결책을 선호하는 경향이 있습니다.

For example, Professor Bruce Russett from Yale explained such a phenomenon with the term 'democratic peace'.
예컨대, 예일(대학교)의 브루스 러셋 교수는 그러한 현상을 '민주적 평화'라는 용어로 설명했습니다.

3-1 본론 1 속 표현

🎧 085.mp3

1. **Firstly**, liberty is realized as a political system.
   첫째, 자유는 하나의 정치 체제로 현실화됩니다.

'첫째(로), 맨 먼저'를 의미하는 'Firstly'는 논지를 뒷받침하는 여러 가지의 소주제 중 첫 번째 것을 제시할 때 쓰이는 연결어 영어 표현이다.

Firstly, freedom is an essential value for democracy.
첫째, 자유는 민주주의의 본질적 가치입니다.

Firstly, individual autonomy is a precondition for liberalism.
첫째, 개인의 자율성은 자유주의의 전제 조건입니다.

Firstly, the value of equality must be considered.
첫째, 평등의 가치가 고려되어야 합니다.

Firstly, fairness is an important value for the current Korean society. 첫째, 공정은 현대 한국 사회의 중요한 가치입니다.

Firstly, injustice is something we should never tolerate.
첫째, 불의는 우리가 결코 용인해서는 안되는 것입니다.

Firstly, indifference is much more dangerous than hatred.
첫째, 무관심은 증오보다 훨씬 더 위험합니다.

Expository Presentations

☑ voca
democracy 민주주의
autonomy 자율성
precondition 전제 조건
liberalism 자유주의
equality 평등
fairness 공정
injustice 불의
indifference 무관심
hatred 증오

2. Democracy contributes to peace.
민주주의는 평화에 기여합니다.

'A가 B에 기여하다, 기부하다'를 의미하는 'A contributes to B'는 원인 A와 결과 B 사이의 인과관계를 설명할 때 자주 쓰이는 영어 표현이다.

Free trade contributes to economic development.
자유 무역은 경제 개발에 기여합니다.

The protection of property rights contributes to economic growth. 재산권의 보호는 경제 성장에 기여합니다.

Cultural relativism contributes to social inclusion.
문화적 상대주의는 사회적 융합에 기여합니다.

The rule of law contributes to social stability.
법의 지배는 사회적 안정에 기여합니다.

Multiculturalism contributes to cultural diversity.
다문화주의는 문화적 다양성에 기여합니다.

Openness contributes to cultural tolerance.
개방성은 문화적 관용에 기여합니다.

☑ voca
development 개발
property rights 재산권
growth 성장
relativism 상대주의
inclusion 융합, 포용
stability 안정
multiculturalism 다문화주의
diversity 다양성
tolerance 관용, 인내

3. Rational citizens tend to prefer peaceful solutions.
합리적인 시민들은 평화로운 해결책을 선호하는 경향이 있습니다.

'A하는 경향이 있다'를 의미하는 'tend to A'는 사람, 동물, 물질 등 어떤 주체의 성향 혹은 특징을 설명할 때 자주 쓰이는 영어 표현이다.

Women tend to live longer than men.
여성들이 남성들보다 더 오래 사는 경향이 있습니다.

In general, people tend to eat more in the winter.
일반적으로, 사람들은 겨울에 더 많이 먹는 경향이 있습니다.

Americans tend to prioritize individual liberty.
미국인들은 개인의 자유에 우선순위를 매기는 경향이 있습니다.

Koreans tend to dress more formally than Americans.
한국인들은 미국인들보다 더 격식을 차려 옷을 입는 경향이 있습니다.

Japanese tend to communicate indirectly and ambiguously.
일본인들은 간접적이고 모호하게 의사소통하는 경향이 있습니다.

The old tend to experience more positive emotions than the young.
노인들이 젊은이들보다 긍정적 감정을 더 많이 경험하는 경향이 있습니다.

☑ voca
rational 합리적인
prioritize 우선순위 매기다
formally 격식을 차려
indirectly 간접적으로
ambiguously 모호하게
emotion 감정

4. Rational citizens prefer peaceful solutions to wars.

합리적인 시민들은 전쟁보다 평화로운 해결책을 선호합니다.

'B보다 A를 선호한다'를 의미하는 'prefer A to B'는 2개의 비교 대상 중 특정한 것을 다른 것보다 좋아함을 설명할 때 자주 쓰이는 영어 표현이다.

I prefer quality to quantity.

나는 양보다 질을 선호합니다.

My mother prefers K-pop to jazz.

저의 어머니는 재즈보다 K-팝을 선호합니다.

British people prefer black tea to coffee.

영국인들은 커피보다 홍차를 선호합니다.

My boss prefers white wine to red wine.

저의 상사는 적포도주보다 백포도주를 선호합니다.

My brother prefers watching baseball to playing it.

저의 남동생은 야구 하는 것보다 야구 보는 것을 더 선호합니다.

Liz preferred staying at home alone to going out with me.

리즈는 저와 함께 나가기보다 혼자 집에 있는 것을 선호합니다.

☑ voca
quality 질
quantity 양
black tea 홍차
white wine 백포도주
red wine 적포도주

5. War would endanger citizens' own lives.
전쟁이 시민들의 생명을 위험에 빠트릴 수도 있습니다.

'A할 수도 있다'를 의미하는 'would'는 실제로 아직 일어나지는 않았지만 일어날 수도 있는 일을 '가정'해서 설명할 때 자주 쓰이는 영어 표현이다.

Drugs would constrict the blood vessels.
마약이 혈관을 수축시킬 수도 있습니다.

Air pollution would cause heart disease or lung cancer.
대기 오염이 심장병 혹은 폐암을 야기할 수도 있습니다.

An arms race would lead to another world war.
군비 경쟁이 또 다른 세계대전으로 이어질 수도 있습니다.

Discrimination would make a society be totally destroyed.
차별이 한 사회를 완전히 파괴할 수도 있습니다.

Alienation and exclusion would bring up lone wolf terrorists.
소외와 배제가 외로운 늑대형 테러리스트를 기를 수도 있습니다.

Extreme poverty would kill more than 700 million people.
극심한 빈곤이 7억 명 이상의 사람들을 죽일 수도 있습니다.

☑ voca
constrict 수축시키다
blood vessel 혈관
pollution 오염
arms race 군비 경쟁
discrimination 차별
destroy 파괴하다
alienation 소외
exclusion 배제
extreme 극도의, 극심한

6. For example, Russett explained it with a new term.
예컨대, 러셋은 새로운 용어로 그것을 설명했습니다.

'예를 들어, 예컨대'를 의미하는 'for example'은 특히 자신의 소주제를 뒷받침하는 근거로서 예시를 제시할 때 자주 쓰이는 영어 표현이다.

For example, a triangle is a shape.
예컨대, 삼각형이 도형입니다.

For example, Korea is a democracy.
예컨대, 한국이 민주 국가입니다.

For example, the UN is an international organization.
예컨대, 국제연합이 국제기구입니다.

For example, Airbnb is a unicorn company.
예컨대, 에어비엔비가 유니콘 기업입니다.

For example, Niccolo Machiavelli is a representative realist.
예컨대, 니콜로 마키아벨리가 대표적인 현실주의자입니다.

For example, Bruce Russett is a scholar in support of liberal peace.
예컨대, 브루스 러셋이 자유주의 평화를 지지하는 학자입니다.

☑ voca
triangle 삼각형
shape 도형
democracy 민주 국가
representative 대표적인
realist 현실주의자
scholar 학자
liberal peace 자유주의 평화
unicorn company 유니콘 기업
(기업 가치가 10억 달러 이상 신생 기업)

3-2 본론 1 확인 퀴즈

Fill in the blanks with the appropriate words below.
적절한 단어로 아래 빈칸을 채우세요.

Topic 소주제　　　　　　　　　　　　　　　　　　　　　⌒ 091.mp3

1_____, liberty is realized as a political system called 'democracy', which 2_____ peace.

첫째, 자유는 평화에 기여하는 '민주주의'라는 정치 체제로 현실화됩니다.

Support 근거

Rational citizens in a democratic state 3_____ 4_____ peaceful solutions 5_____ wars which 6_____ endanger their own lives.

민주주의 국가의 합리적인 시민들은 자기 자신의 생명을 위험에 빠트릴 수도 있는 전쟁보다는 평화로운 해결책을 선호하는 경향이 있습니다.

7_____, Professor Bruce Russett from Yale explained such a phenomenon with the term 'democratic peace'.

예컨대, 예일(대학교)의 브루스 러셋 교수는 그러한 현상을 '민주적 평화'라는 용어로 설명했습니다.

Expository Presentations

☑ Answer
1 Firstly
2 contributes to
3 tend to
4 prefer
5 to
6 would
7 For example

4 본론 2

Dissect the paragraph below into the basic elements of a body.
아래 문단을 본론의 기본 요소별로 해부해 보세요.

⌒ 092.mp3

Secondly, liberty is realized as an economic system called 'market', which leads to peace. The market brings up the middle class. Those in the middle class are likely to avoid wars which would destroy their wealth. With the metaphor of McDonald's to denote the middle class, Thomas Friedman suggested the Golden Arches Theory of Peace.

Topic 소주제

Secondly, liberty is realized as an economic system called 'market', which leads to peace.
둘째, 자유는 평화로 이어지는 '시장'이라는 경제 체제로 현실화됩니다.

Support 근거

The market brings up the middle class.
시장은 중산층을 기릅니다.

Those in the middle class are likely to avoid wars which would destroy their wealth.
중산층에 속하는 사람들은 자신의 재산을 파괴할 수도 있는 전쟁을 피할 것 같습니다.

With the metaphor of McDonald's to denote the middle class, Thomas Friedman suggested the Golden Arches Theory of Peace.
중산층을 의미하는 맥도날드 은유로, 토마스 프리드먼은 맥도날드 평화이론을 제시했습니다.

4-1 본론 2 속 표현

🎧 093.mp3

1. Secondly, liberty is realized as an economic system.
   둘째, 자유는 하나의 경제 체제로 현실화됩니다.

'둘째, 둘째로'를 의미하는 'Secondly'는 논지를 뒷받침하는 여러 가지의 소주제 중 두 번째 것을 제시할 때 쓰이는 연결어 영어 표현이다.

Secondly, liberty is an essential value for a market economy.
둘째, 자유는 시장 경제의 본질적 가치입니다.

Secondly, economic liberty enhances efficiency.
둘째, 경제적 자유는 효율성을 높입니다.

Secondly, trade liberalization contributes to social welfare.
둘째, 무역 자유화는 사회 복지에 기여합니다.

Secondly, foreign direct investment creates job opportunities.
둘째, 외국인 직접 투자는 일자리 기회를 만듭니다.

Secondly, the freedom to choose is the essence of capitalism.
둘째, 선택할 자유가 자본주의의 본질입니다.

Secondly, a market economy brings up the middle class.
둘째, 시장 경제가 중산층을 기릅니다.

☑ voca
economic liberty 경제적 자유
enhance 높이다
efficiency 효율성
liberalization 자유화
social welfare 사회 복지
foreign direct investment 외국인 직접 투자
capitalism 자본주의

Expository Presentations

2. Liberty is realized as an economic system.
자유는 하나의 경제 체제로 현실화됩니다.

'A is realized as B'는 '(생각 등 추상적인) A가 (현상 등 구체적인) B로 현실화되다'라는 의미를 전달할 때 자주 쓰이는 영어 표현이다.

A thought is realized as an action.
생각은 행동으로 현실화됩니다.

Faith is realized as a specific ritual.
신앙은 특정한 의례로 현실화됩니다.

My determination will be realized as getting up early.
저의 투지는 (아침에) 일찍 일어나는 것으로 현실화될 것입니다.

Sometimes, pacifism is realized as the objection to bearing arms.
때때로, 평화주의는 무기를 드는 것에 대한 반대로 현실화됩니다.

Woodrow Wilson's vision was realized as the League of Nations.
우드로 윌슨의 비전은 국제연맹으로 현실화되었습니다.

The principle of simplicity was realized as the design of the iPhone.
단순함의 원칙은 아이폰의 디자인으로 현실화되었습니다.

☑ voca
faith 믿음, 신앙
ritual 의례
determination 투지, 결심
pacifism 평화주의
objection 반대, 이의
League of Nations 국제연맹
principle 원칙
simplicity 단순함

3. A market economy leads to peace.
시장 경제는 평화로 이어집니다.

'A가 B로 이어지다'를 의미하는 'A leads to B'는 원인 A와 결과 B 사이의 인과관계를 설명할 때 자주 쓰이는 영어 표현이다.

Democracy leads to peaceful coexistence among citizens.
민주주의는 시민들 간에 평화로운 공존으로 이어집니다.

Private ownership of the means of production leads to capitalism. 생산 수단의 사적 소유는 자본주의로 이어집니다.

Liberalism leads to economic growth and political stability.
자유주의는 경제적 성장과 정치적 안정으로 이어집니다.

Respect for human reason leads to rationalism.
인간 이성에 대한 존중은 합리주의로 이어집니다.

Poverty eradication leads to social and political justice.
빈곤 퇴치는 사회적 그리고 정치적 정의로 이어집니다.

The protection of human rights leads to the spread of democracy. 인권 보호는 민주주의 확산으로 이어집니다.

☑ voca
coexistence 공존
private ownership 사적 소유
rationalism 합리주의, 이성주의
stability 안정
eradication 퇴치
spread 확산

4. The market brings up the middle class.
시장은 중산층을 기릅니다.

'A brings up B'는 'A가 B를 기르다/키우다' 혹은 'A가 B를 양육하다'라는 의미를 전달할 때 자주 쓰이는 영어 표현이다.

She brings up a dog.
그녀는 개를 기릅니다.

My uncle brings up my brother.
저의 삼촌이 저의 동생을 기릅니다.

It takes a whole village to bring up a child.
아이 하나를 기르는데 온 마을(마을 사람들의 도움)이 필요합니다.

A school is the place to bring up the next generation.
학교는 다음 세대를 기르는 곳입니다.

Milton Friedman brought up a lot of neoliberal economists.
밀턴 프리드먼은 많은 신자유주의 경제학자들을 길렀습니다.

Long-term R&D investments will bring up the seeds of innovations.
장기적 연구 개발 투자는 혁신의 씨앗을 기를 것입니다.

☑ voca
middle class 중산층
generation 세대
neoliberal 신자유주의의
long-term 장기적
R&D(Research & Development) 연구 개발

5. Those in the middle class are likely to avoid war.
중산층에 속하는 사람들은 전쟁을 피할 것 같습니다.

'A가 B를 할 것 같다 혹은 할 공산이 있다'를 의미하는 'A is likely to B'는 어떤 일과 사건이 일어날 '가능성'을 설명할 때 자주 쓰이는 영어 표현이다.

It is likely to snow tonight.
오늘 밤 눈이 올 것 같습니다.

This project is likely to succeed because of your participation.
이 프로젝트는 당신의 참여 때문에 성공할 것 같습니다.

Venturous people are likely not to fear risk taking.
모험적인 사람들은 위험 부담을 두려워하지 않을 것 같습니다.

The fate of Donald Trump is likely to be determined by voters.
도널드 트럼프의 운명은 유권자들에 의해 결정될 것 같습니다.

Those out of poverty are likely to prefer democracy.
빈곤을 벗어난 사람들은 민주주의를 선호할 것 같습니다.

Those respecting difference are likely to accept diversity.
차이점을 존중하는 사람들은 다양성을 수용할 것 같습니다.

Expository Presentations

☑ voca
venturous 모험적인
participation 참여
risk taking 위험 부담
voter 유권자, 투표자
poverty 빈곤
diversity 다양성

6. The metaphor of McDonald's denotes the middle class.
맥도날드라는 은유는 중산층을 의미합니다.

'A라는 은유는 B를 나타낸다'를 뜻하는 'The metaphor of A denotes B'는 은유적 표현의 숨겨진 의미를 설명할 때 자주 쓰이는 영어 표현이다.

The metaphor of a journey denotes life.
여행이라는 은유는 인생을 의미합니다.

The metaphor of diamonds denotes her eyes.
다이아몬드라는 은유는 그녀의 눈을 의미합니다.

The metaphor of a stage denotes the world.
연극 무대라는 은유는 세상을 의미합니다.

The metaphor of rain denotes a blessing.
비라는 은유는 축복을 의미합니다.

The metaphor of an owl denotes a person who stays up late at night.
올빼미라는 은유는 밤 늦게 깨어 있는 사람을 의미합니다.

The metaphor of an early bird denotes a person who gets up early.
일찍 일어나는 새라는 은유는 일찍 일어나는 사람을 의미합니다.

☑ voca
metaphor 은유
stage 연극 무대
blessing 축복
(night) owl 저녁형 인간
early bird 아침형 인간

4-2 본론 2 확인 퀴즈

Fill in the blanks with the appropriate words below.
적절한 단어로 아래 빈칸을 채우세요.

Topic 소주제　　　　　　　　　　　　　　　　　　　　　　　♫ 099.mp3

1_____, liberty 2_____ an economic system called 'market', which 3_____ peace.
둘째, 자유는 평화로 이어지는 '시장'이라는 경제 체제로 현실화됩니다.

Support 근거

The market 4_____ the middle class.
시장은 중산층을 기릅니다.

Those in the middle class 5_____ avoid wars which would destroy their wealth.
중산층에 속하는 사람들은 자신의 재산을 파괴할 수도 있는 전쟁을 피할 것 같습니다.

With the 6_____ of McDonald's to 7_____ the middle class, Thomas Friedman suggested the Golden Arches Theory of Peace.
중산층을 의미하는 맥도날드 은유로, 토마스 프리드먼은 맥도날드 평화이론을 제시했습니다.

☑ Answer
1 Secondly
2 is realized as
3 leads to
4 brings up
5 are likely to
6 metaphor
7 denote

155

5 결론

Dissect the paragraph below into the basic elements of a conclusion.
아래 문단을 결론의 기본 요소별로 해부해 보세요.

In summary, 'liberal peace' is a term to describe a phenomenon where liberty promotes peace. As already explained, political liberty or democracy leads to peace, and economic liberty or the market leads to peace. In fact, current international systems such as the UN and the WTO were established based on this concept.

Thesis 논지

In summary, 'liberal peace' is a term to describe a phenomenon where liberty promotes peace.

요컨대, '자유주의 평화'는 자유가 평화를 증진하는 현상을 묘사하는 용어입니다.

Summary 소주제 요약

As already explained, political liberty or democracy leads to peace, and economic liberty or the market leads to peace.

이미 설명한 바와 같이, 정치적 자유 혹은 민주주의가 평화로 이어지고, 경제적 자유 혹은 시장도 평화로 이어집니다.

Addition 추가

In fact, current international systems such as the UN and the WTO were established based on this concept.

사실, 국제연합, 세계무역기구와 같은 현재의 국제 체제들은 이 개념에 기반해서 설립되었습니다.

5-1 결론 속 표현

🎧 101.mp3

1. **In summary, liberty promotes peace.**
   요컨대, 자유는 평화를 증진합니다.

'요컨대, 요약하면'을 의미하는 'In summary'는 지금까지 말한 내용을 정리해서 결론을 제시할 때 자주 쓰이는 연결어 영어 표현이다.

In summary, political liberty leads to democracy.
요컨대, 정치적 자유는 민주주의로 이어집니다.

In summary, economic liberty brings about a free market.
요컨대, 경제적 자유는 자유 시장을 일으킵니다.

In summary, human beings are free to choose anything.
요컨대, 인간은 무엇이든 선택할 수 있을 만큼 자유롭습니다.

In summary, fundamental human rights must be protected.
요컨대, 기본적 인권은 보호되어야 합니다.

In summary, everyone has the right to freedom of thought.
요컨대, 모든 사람은 사상의 자유에 대한 권리가 있습니다.

In summary, the right to private property is a basic right.
요컨대, 사유 재산권은 기본권입니다.

☑ voca
free market 자유 시장
human being 인간
fundamental 기본적
human rights 인권
right 권리
private property 사유 재산

2. Liberal peace is a term to describe a phenomenon.
자유주의 평화는 어떤 현상을 묘사하는 용어입니다.

'A는 B를 묘사하는 용어이다'를 의미하는 'A is a term to describe B'는 어떤 용어의
개념/의미를 청중에게 설명할 때 자주 쓰이는 영어 표현이다.

Democratic peace is a term to describe a phenomenon.
민주적 평화는 어떤 현상을 묘사하는 용어입니다.

Peace is a term to describe a situation without war.
평화란 전쟁이 없는 상황을 묘사하는 용어입니다.

Blue is a term to describe a specific color.
파랑이란 특정 색을 묘사하는 용어입니다.

Perspective is a term to describe an attitude toward something.
관점이란 무엇에 대한 태도를 묘사하는 용어입니다.

Wealth is a term to describe an abundance of valuable
possessions. 부유함이란 값진 소유물의 풍부함을 묘사하는 용어입니다.

Power is a term to describe an ability to influence others'
behavior. 권력이란 다른 사람의 행동에 영향을 주는 능력을 묘사하는 용어입니다.

☑ voca
phenomenon 현상
perspective 관점
abundance 풍부함
possession 소유물
influence 영향

3. As already explained, liberty leads to peace.

이미 설명한 바와 같이, **자유는 평화로 이어집니다.**

'이미 설명한 바와 같이'를 의미하는 'As already explained'는 앞에서 설명했던 것을 요약하거나 다시 정리할 때 자주 쓰이는 영어 표현이다.

As already explained, liberty is a civil right.

이미 설명한 바와 같이, **자유는 시민적 권리입니다.**

As already explained, an individual is the subject who enjoys liberty. 이미 설명한 바와 같이, **개인이 자유를 즐기는 주체입니다.**

As already explained, his argument is wrong.

이미 설명한 바와 같이, **그의 주장은 틀렸습니다.**

As already explained, her argument is groundless.

이미 설명한 바와 같이, **그녀의 주장은 근거가 없습니다.**

As already explained, this project cannot be completed.

이미 설명한 바와 같이, **이 프로젝트는 완료될 수 없습니다.**

As already explained, your presentation was perfect.

이미 설명한 바와 같이, **당신의 프레젠테이션은 완벽했습니다.**

Expository Presentations

☑️ voca

civil right 시민적 권리
subject 주제, 주체
argument 주장
groundless 근거 없는

4. In fact, the UN was established based on liberal peace.
사실, 국제연합은 자유주의 평화에 기반해서 설립되었습니다.

'사실(은), 실제(로)'를 의미하는 'In fact'는 뒤에 제시되는 진술이 정확하고 진실된 객관적 사실임을 강조할 때 자주 쓰이는 영어 표현이다.

In fact, the UN was established in 1945.
사실, 국제연합은 1945년에 설립되었습니다.

In fact, the UN was established for international peace.
사실, 국제연합은 국제 평화를 위해 설립되었습니다.

In fact, the UN is an intergovernmental organization.
사실, 국제연합은 정부 간 국제기구입니다.

In fact, the UN is the world's largest international organization.
사실, 국제연합은 세계에서 가장 큰 국제기구입니다.

In fact, the UN is headquartered in New York City.
사실, 국제연합은 뉴욕시에 본부를 두고 있습니다.

In fact, the UN is composed of 193 member states.
사실, 국제연합은 193개의 회원국으로 구성되어 있습니다.

☑ voca
intergovernmental 정부 간
organization 기구
headquarter 본부를 두다, 본부

5. There are int'l systems such as the UN and the WTO.

국제연합, 세계무역기구와 같은 국제 체제들이 있습니다.

'B, C와 같은 A'를 의미하는 'A such as B and C'는 특히 앞서 언급된 것의 구체적 예시를 2가지 이상 제시할 때 자주 쓰이는 영어 표현이다.

There are international organizations such as the IMF and the OECD. 국제통화기금, 경제협력개발기구와 같은 국제기구가 있습니다.

I like primary colors such as red and blue.
저는 빨간색, 파란색과 같은 원색을 좋아합니다.

Words such as Adele, Seoul and Netflix are called proper nouns.
아델, 서울, 넷플릭스와 같은 단어들은 고유명사라고 불립니다.

We must reduce GHGs such as CO₂ and methane.
우리는 이산화탄소, 메탄과 같은 온실가스를 줄여야 합니다.

Shakespeare wrote great tragedies such as *Hamlet* and *Macbeth*.
셰익스피어는 『햄릿』, 『맥베스』와 같은 위대한 비극을 썼습니다.

Annually, diseases such as AIDS and malaria kill 5 million people. 매년 에이즈, 말라리아와 같은 질병이 5백만 명을 죽입니다.

☑ voca
int'l international의 약자, 국제적
primary color 원색
proper noun 고유명사
GHG(Greenhouse Gas) 온실가스
tragedy 비극
disease 질병

Expository Presentations

6. The WTO was established based on liberal peace.
세계무역기구는 자유주의 평화에 기반해서 설립되었습니다.

'A에 기반하여/근거하여' 혹은 'A에 기반한/근거한'을 의미하는 'based on A'은 부사구 혹은 형용사구로 자주 쓰이는 영어 표현이다.

My argument is based on facts.
저의 주장은 사실에 근거해 있습니다.

The WTO promotes free trade based on the MFN principle.
세계무역기구는 최혜국 대우의 원칙에 기반해서 자유 무역을 증진합니다.

President Trump suggested a false argument based on fake news.
트럼프 대통령은 가짜 뉴스에 기반해서 틀린 주장을 제시했습니다.

Your salary will be reviewed annually based on your performance.
당신의 급여는 당신의 실적에 근거해서 매년 재검토될 것입니다.

The price of a product is determined based on supply and demand.
어떤 상품의 가격은 수요와 공급에 근거해서 결정됩니다.

Russia's invasion of Ukraine was blamed based on the UN Charter.
러시아의 우크라이나 침략은 국제연합헌장에 기반해서 비난 받았습니다.

☑ voca
promote 촉진하다, 증진시키다
most-favored nation 최혜국
fake news 가짜 뉴스
performance 실적
charter 헌장, 선언문

5-2 결론 확인 퀴즈

Fill in the blanks with the appropriate words below.
적절한 단어로 아래 빈칸을 채우세요.

Thesis 논지 · 107.mp3

1_____, 'liberal peace' is a 2_____ to 3_____ a
phenomenon where liberty promotes peace.
요컨대, '자유주의 평화'는 자유가 평화를 증진하는 현상을 묘사하는 용어입니다.

Summary 소주제 요약

4_____, political liberty or democracy leads to peace,
and economic liberty or the market leads to peace.
이미 설명한 바와 같이, 정치적 자유 혹은 민주주의가 평화로 이어지고, 경제적 자유 혹은 시장도 평화
로 이어집니다.

Addition 추가

5_____, current international systems 6_____ the UN
and the WTO were established 7_____ this concept.
사실, 국제연합, 세계무역기구와 같은 현재의 국제 체제들은 이 개념에 기반해서 설립되었습니다.

Expository Presentations

☑ Answer
1 In summary
2 term
3 describe
4 As already explained
5 In fact
6 such as
7 based on

6 표현 복습

Read carefully the following key expressions again.
다음 핵심 표현을 한 번 더 꼼꼼하게 읽으세요.

Who can deny the importance of liberty?
자유의 중요성을 누가 부인할 수 있겠습니까?

Life without liberty is like a body without spirit.
자유 없는 삶은 영혼 없는 육체와 같습니다.

This is quoted from Khalil Gibran.
이것은 칼릴 지브란을 인용한 것입니다.

Yes, liberty is an essential value.
그렇습니다. 자유는 본질적 가치입니다.

Have you ever heard of the term 'liberal peace'?
'자유주의 평화'라는 용어를 들어본 적이 있습니까?

Let me explain it from a political aspect.
정치적 측면에서 이것을 설명해 보겠습니다.

Firstly, liberty is realized as a political system.
첫째, 자유는 하나의 정치 체제로 현실화됩니다.

Democracy contributes to peace.
민주주의는 평화에 기여합니다.

Rational citizens tend to prefer peaceful solutions.
합리적인 시민들은 평화로운 해결책을 선호하는 경향이 있습니다.

Rational citizens prefer peaceful solutions to wars.

합리적인 시민들은 전쟁보다 평화로운 해결책을 선호합니다.

War would endanger citizens' own lives.

전쟁이 시민들의 생명을 위험에 빠트릴 수도 있습니다.

For example, Russett explained it with a new term.

예컨대, 러셋은 새로운 용어로 그것을 설명했습니다.

Secondly, liberty is realized as an economic system.

둘째, 자유는 하나의 경제 체제로 현실화됩니다.

Liberty is realized as an economic system.

자유는 하나의 경제 체제로 현실화됩니다.

A market economy leads to peace.

시장 경제는 평화로 이어집니다.

The market brings up the middle class.

시장은 중산층을 기릅니다.

Those in the middle class are likely to avoid war.

중산층에 속하는 사람들은 전쟁을 피할 것 같습니다.

The metaphor of McDonald's denotes the middle class.

맥도날드라는 은유는 중산층을 의미합니다.

In summary, liberty promotes peace.

요컨대, 자유는 평화를 증진합니다.

Liberal peace is a term to describe a phenomenon.

자유주의 평화는 어떤 현상을 묘사하는 용어입니다.

As already explained, liberty leads to peace.

이미 설명한 바와 같이, 자유는 평화로 이어집니다.

In fact, the UN was established based on liberal peace.

사실, 국제연합은 자유주의 평화에 기반해서 설립되었습니다.

There are international systems such as the UN and the WTO.

국제연합, 세계무역기구와 같은 국제 체제들이 있습니다.

The WTO was established based on liberal peace.

세계무역기구는 자유주의 평화에 기반해서 설립되었습니다.

6-1 스크립트 다시 보기

Fill in the blanks with the appropriate words below.
적절한 단어로 아래 빈칸을 채우세요.

🎧 109.mp3

_____ the importance of liberty in our lives? "Life without liberty _____ a body without spirit." This is _____ Khalil Gibran, a famous writer. Yes, liberty is an _____ value. Then, have you _____ the term 'liberal peace'? Let me explain the meaning of 'liberal peace' _____ political and economic _____.

_____, liberty is realized as a political system called 'democracy', which _____ peace. Rational citizens in a democratic state _____ _____ peaceful solutions _____ wars which _____ endanger their own lives. _____, Professor Bruce Russett from Yale explained such a phenomenon with the term 'democratic peace'.

_____, liberty _____ an economic system called 'market', which _____ peace. The market _____ the middle class. Those in the middle class _____ avoid wars which would destroy their wealth. With the _____ of McDonald's to _____ the middle class, Thomas Friedman suggested the Golden Arches Theory of Peace.

_____, 'liberal peace' is a _____ to _____ a phenomenon where liberty promotes peace. _____, political liberty or democracy leads to peace, and economic liberty or the market leads to peace. _____, current international systems _____ the UN and the WTO were established _____ this concept.

전체 스크립트는 128페이지, 해석은 131페이지를 확인하세요.

6-2 질문과 답변

Read the sample Q&A at least 3 times, loudly and clearly.
예시 질문과 답변을 최소 3번, 큰 소리로 또렷하게 읽으세요.

🎧 110.mp3

Do you have any questions? I would be happy to answer any questions.

혹시 질문 있으신가요? 어떤 질문이라도 제가 답변드릴 수 있다면, 저는 행복할 것입니다.

Sample Question 예시 질문

Thank you for your explanation about liberal peace.

자유주의 평화에 대해 설명해 주셔서 감사합니다.

However, I have a question about the 'Golden Arches Theory of Peace'. Still, I don't understand what it means. Would you mind✓ explaining it again to me?

그러나, '맥도날드 평화이론'에 관해 1가지 질문이 있습니다. 여전히 저는 그것이 무엇을 의미하는지 이해하지 못하겠습니다. 한 번만 더 저에게 그것을 설명해 주시겠습니까?

☑ 동사 'Mind'의 뜻을 살려 직역을 하면 '한 번만 더 저에게 그것을 설명해 주시는 것이 언짢겠습니까?'이다. 다만, 한국어의 경우 '한 번만 더 저에게 그것을 설명해 주시겠습니까?'라는 의역이 좀 더 자연스럽다.

Of course, I don't mind at all. In fact, it is my fault not to explain in detail about a new term like the 'Golden Arches Theory of Peace'. I am sorry, and thank you for your question.

물론입니다. 저는 전혀 언짢지 않습니다. 사실, '맥도날드 평화이론'과 같은 새로운 용어에 관해 자세하게 설명하지 않은 것은 저의 잘못입니다. 미안하고, 질문해 주셔서 감사합니다.

The term 'Golden Arches Theory of Peace', or more accurately, the 'Golden Arches Theory of Conflict Prevention', was coined by Thomas L. Friedman, an American writer. In his book titled *The Lexus and the Olive Tree* written in 1999, he argued that "Two McDonald's countries are less likely to wage war against each other."

'맥도날드 평화이론' 혹은 좀 더 정확하게 '맥도날드 충돌예방이론'이라는 용어는 미국의 작가인 토마스 L. 프리드먼에 의해 만들어졌습니다. 1999년에 쓰여진 『렉서스와 올리브나무』라는 제목의 책에서, 그는 "2개의 맥도날드 국가들은 서로 전쟁을 벌일 가능성이 낮다."라고 주장했습니다.

According to Thomas L. Friedman, a McDonald's country means a country which reached the level of economic development where it had a middle class big enough to support a McDonald's network. So, the 'Golden Arches Theory of Peace' means that economic development brought by a market economy leads to peace.

토마스 L. 프리드먼에 따르면, 맥도날드 국가란 맥도날드 네트워크를 지탱할 만큼 충분히 큰 중산층을 가지고 있을 정도의 경제개발 수준에 도달한 국가를 의미합니다. 따라서, '맥도날드 평화이론'이란 시장 경제가 가져다 준 경제개발이 평화로 이어진다는 것을 의미합니다.

In this sense, the 'Golden Arches Theory of Peace' can be understood as a figurative term to show the economic aspect of liberal peace. No more questions? Okay. Thank you again.

이러한 의미에서, '맥도날드 평화이론'은 자유주의 평화의 경제적 측면을 보여 주는 비유적인 용어라고 이해될 수 있습니다. 더 이상 질문이 없습니까? 좋습니다. 다시 한번 감사드립니다.

Expository Presentations

7-1 실전 연습 - 개요짜기

Conduct your own outlining for an expository presentation.
설명 프레젠테이션을 위한 여러분만의 개요짜기를 해보세요.

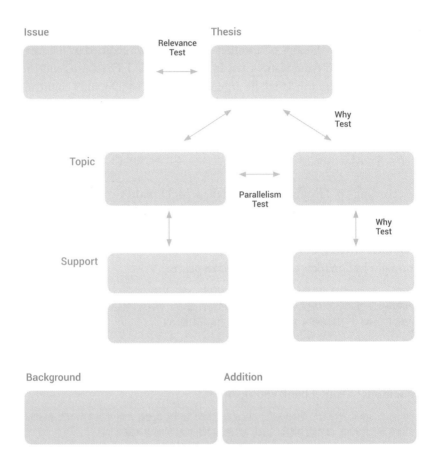

7-2 실전 연습 – 스크립트 쓰기

Prepare your own script for an expository presentation.
설명 프레젠테이션을 위한 여러분만의 스크립트를 준비하세요.

▶ Introduction

Background

Thesis

Blueprint

▶ Body 1

Topic

_____

_____

_____

Support

_____

_____

_____

_____

_____

▶ Body 2

Topic

_____

_____

_____

Support

_____

_____

_____

_____

_____

▶ Conclusion

Thesis + Summary

_____

_____

_____

_____

Addition

_____

_____

_____

_____

7-3 실전 연습 – 예시 스크립트

Read the sample script for an expository presentation.
설명 프레젠테이션의 예시 스크립트를 읽으세요.

🎧 111.mp3

Who can deny the importance of justice? However, there are conflicting understandings about justice. Nevertheless, John Rawls, a former political philosopher at Harvard University, must be the first step to take. Let me explain his concept of 'justice', focusing on 2 principles suggested in his book *A Theory of Justice* written in 1971.

First, the liberty principle. An extensive scope of liberty must be equally permitted for all. So, in a just society, all the citizens should have basic rights such as freedom of conscience, freedom of speech and freedom of association. Without liberty, there is no justice. Philosophically, his concept of justice lies in the liberal tradition.

Second, the difference principle. Inequality is acceptable only if it is to the advantage of those who are worst off. For example, higher payments for medical doctors than for grocery clerks may increase access to healthcare service even for the grocery clerks. Different treatments can improve the situations of those who have the least.

To sum up, a just society of John Rawls is based on the 2 principles. Notably, he suggested the concept of 'equal opportunity' as a precondition for the difference principle. This is why the United States, a proponent of liberalism, is so obsessed with 'affirmative action' to provide opportunities to socially disadvantaged people.

7-4 실전 연습 - 개요짜기

Complete the outlining sheet, based on the sample script.
예시 스크립트에 근거해서, 개요짜기 시트를 완성하세요.

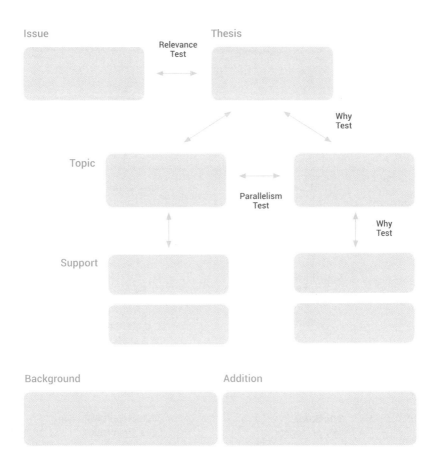

Expository Presentations

7-5 실전 연습 - 개요짜기 비교하기

Compare your own outlining sheet with the following one.
당신이 직접 작성한 개요짜기 시트를 아래의 것과 비교하세요.

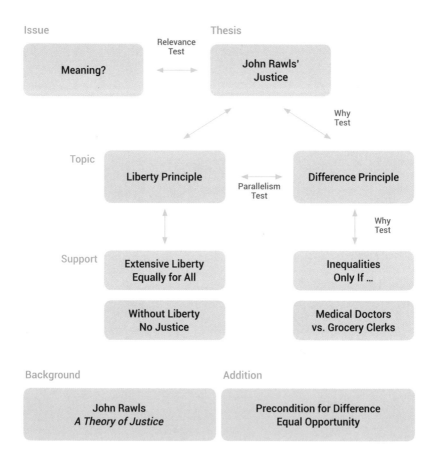

7-6 실전 연습 – 해석 살펴보기

Read carefully the following translation in Korean.
다음 한국어 번역을 꼼꼼하게 읽으세요.

"존 롤스의 '정의' 개념"에 대한 설명

정의의 중요성을 누가 부인할 수 있겠습니까? 그러나, 정의에 관해 서로 충돌하는 이해들이 있습니다. 그럼에도 불구하고, 하버드대학교의 정치철학자였던 존 롤스를 다루는 것이 (정의 관련 논의의) 첫걸음인 것은 틀림없습니다. 1971년에 쓰여진 『정의론』이라는 그의 책에 제시된 2가지 원칙에 중점을 두어, 그의 '정의' 관념을 설명해 보겠습니다.

첫째, 자유의 원칙. 광범위한 자유가 모든 사람들에게 평등하게 허락되어야 합니다. 그래서, 정의로운 사회에서는, 모든 시민들이 양심의 자유, 언론의 자유, 결사의 자유와 같은 기본권을 평등하게 가져야 합니다. 자유가 없으면, 정의도 없습니다. 철학적으로, 그의 정의 관념은 자유주의 전통에 놓여 있습니다.

둘째, 차별의 원칙. 가장 가난한 사람들에게조차 이익이 되는 경우에만 불평등은 수용될 수 있습니다. 예컨대, 식료품 점원에 비해 의사에게 더 높은 급여를 지불함으로써, 심지어 그 식료품 점원의 의료 서비스에 대한 접근 기회를 늘릴 수 있습니다. 차별적 대우가 가장 적게 가진 사람들의 상황을 개선할 수도 있습니다.

요컨대, 존 롤스의 정의로운 사회는 2가지 원칙에 기반해 있습니다. 특히, 그는 차별의 원칙에 대한 전제 조건으로 '평등한 기회'라는 개념을 제시했습니다. 이것이 바로, 자유주의의 지지자인 미국이 사회적으로 혜택을 받지 못한 사람들에게 기회를 제공하는 '적극적 평등조치'✓에 그렇게나 집착하는 이유입니다.

☑️ Affirmative Action은 인종, 성별, 종교, 장애 등으로 인한 차별을 줄이기 위해 불리한 위치에 있는 사람들에게 기회와 혜택을 적극적으로 제공하는 조치이다. 흔히, '적극적 평등조치', '적극적 우대조치', '소수집단 우대조치' 등으로 번역된다.

Motivational Presentations

동기 부여
프레젠테이션

1 스크립트 미리 보기

Read the following script at least 3 times, loudly and clearly.
다음 스크립트를 최소 3번, 큰 소리로 또렷하게 읽으세요.

🎧 112.mp3

Who is this person? His teacher said, "You are too stupid to learn." Even worse, his boss fired him, saying, "You are unproductive." Do you know who he is? Yes, he is Thomas Edison, a great inventor who had 1,093 patents for various inventions including the light bulb. Let me tell you 2 secrets that made such a poor guy be great.

The first secret is resilience. Resilience is the ability to spring back into a normal shape or to recover from difficulties. Do you know how many times Edison failed before inventing the light bulb? Surprisingly, 1,000 times. Can you imagine how frustrated and desperate he was? However, he never gave up. He tried again and again.

The second secret is optimism. Optimism is the quality of being hopeful about the future or confident of a successful outcome. Edison said, "I did not fail 1,000 times. The light bulb was an invention with 1,000 steps." For him, a failure was just a valuable stepping stone to success. He stepped up from these failures.

In brief, the 2 secrets, resilience and optimism, make a great person like Edison. Are you frustrated by continuous failures? Are you depressed by relentless accusations against you? Are you afraid of worsening situations? Remember the 2 secrets: Be resilient and be optimistic. Then, it is your turn to be another great person.

1-1 개요짜기

Complete the outlining sheet, based on the script.
스크립트에 근거해서, 개요짜기 시트를 완성하세요.

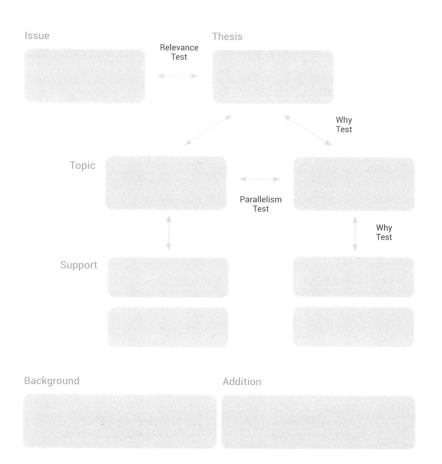

Motivational Presentations

1-2 개요짜기 비교하기

Compare your own outlining sheet with the following one.
당신이 직접 작성한 개요짜기 시트를 아래의 것과 비교하세요.

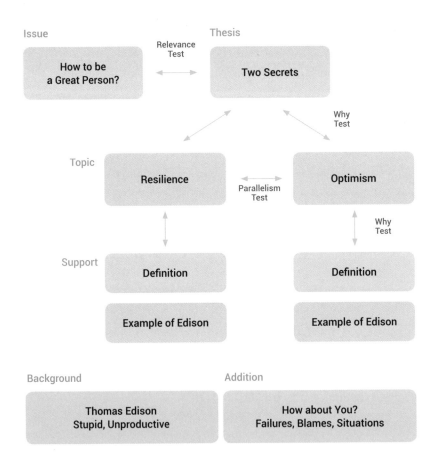

1-3 해석 살펴보기

Read carefully the following translation in Korean.
다음 한국어 번역을 꼼꼼하게 읽으세요.

'위대한 인물을 만드는 2가지 비밀' 관련 동기 부여

이 사람은 누구일까요? "너는 무엇을 배우기에는 너무 멍청해."라고 그의 선생님은 말했습니다. 설상가상으로, "당신은 생산성이 낮습니다."라고 말하며, 상사는 그를 해고했습니다. 그가 누구인지 당신은 알겠습니까? 예, 그는 백열 전구를 포함한 다양한 발명품에 대해 1천93 개의 특허권*을 보유했던 위대한 발명가 토마스 에디슨입니다. 그렇게 불쌍한 녀석을 위대하게 만든 2가지 비밀을 여러분께 말씀드리겠습니다.

첫 번째 비밀은 회복력입니다. 회복력이란 정상적인 모양으로 되튀거나 혹은 어려움에서 회복하는 능력입니다. 백열 전구를 발명하기 전에 에디슨이 몇 번이나 실패했는지 알고 있습니까? 놀랍게도, 1천 번입니다. 그가 얼마나 좌절했고 간절했을지 상상할 수 있겠습니까? 그러나, 그는 결코 포기하지 않았습니다. 그는 몇 번이고 다시 시도했습니다.

두 번째 비밀은 낙관론입니다. 낙관론이란 미래에 대한 희망으로 가득 차 있거나 성공적인 결과를 확신하는 성질입니다. "나는 1천 번을 실패한 것이 아니다. 백열 전구는 1천 개의 단계를 거쳐 만든 발명품이다."라고 에디슨은 말했습니다. 그에게 실패란 단지 성공을 향한 값진 디딤돌이었습니다. 그는 이러한 실패를 딛고 일어섰습니다.

간단히 말해서, 회복력과 낙관론이라는 2가지 비밀이 에디슨과 같은 위대한 인물을 만듭니다. 당신은 반복된 실패로 좌절하고 있습니까? 당신은 가치 없는 비난으로 우울하십니까? 당신은 악화되는 상황으로 두렵습니까? 2가지 비밀을 기억하세요. 회복력 있고 낙관적이세요. 그렇다면, 당신이 또 다른 위대한 인물이 될 차례입니다.

Motivational Presentations

☑ Patent 즉, 특허권은 발명품에 대해 부여되는 'Intellectual Property Right' 즉, '지식재산권'이다. 발명품에 대한 특허 등록 이후 20년 동안 배타적 권리가 인정된다.

2 서론

Dissect the paragraph below into the basic elements of an introduction.
아래 문단을 서론의 기본 요소별로 해부해 보세요.

⌒ 113.mp3

Who is this person? His teacher said, "You are too stupid to learn."
Even worse, his boss fired him, saying, "You are unproductive." Do
you know who he is? Yes, he is Thomas Edison, a great inventor who
had 1,093 patents for various inventions including the light bulb. Let
me tell you 2 secrets that made such a poor guy be great.

Background 배경

Who is this person?
이 사람은 누구일까요?

His teacher said, "You are too stupid to learn." Even worse, his boss
fired him, saying, "You are unproductive."
"너는 무엇을 배우기에는 너무 멍청해."라고 그의 선생님은 말했습니다. 설상가상으로, "당신은 생산성
이 낮습니다."라고 말하며, 상사는 그를 해고했습니다.

Do you know who he is? Yes, he is Thomas Edison, a great inventor
who had 1,093 patents for various inventions including the light bulb.
그가 누구인지 당신은 알겠습니까? 예, 그는 백열 전구를 포함한 다양한 발명품에 대해 1천93 개의 특
허권을 보유했던 위대한 발명가 토마스 에디슨입니다.

Thesis + Blueprint 논지 + 소주제 소개

Let me tell you 2 secrets that made such a poor guy be great.
그렇게 불쌍한 녀석을 위대하게 만든 2가지 비밀을 여러분들께 말씀드리겠습니다.

2-1 서론 속 표현

🎧 114.mp3

1. Who is this person?
이 사람은 누구일까요?

'A는 누구일까요?'를 의미하는 'Who is A?'는 가벼운 질문으로 청중의 관심을 집중시키며 프레젠테이션을 시작할 때 자주 쓰이는 영어 표현이다.

Who is **this guy?**
이 남성은 누구일까요?

Who is **this fellow?**
이 친구는 누구일까요?

Who is **this lady?**
이 숙녀는 누구일까요?

Who is **this individual?**
이 사람은 누구일까요?

Who is **this gentleman?**
이 신사는 누구일까요?

Who is **this man?**
이 사람은 누구일까요?

☑ voca
fellow 친구, 녀석
individual 개인, 사람

2. You are too stupid to learn.
당신은 무엇을 배우기에는 너무나도 멍청합니다.

'too A to B'는 'B하기에는 너무나도 A하다' 혹은 '너무 A해서 B할 수 없다'라는 의미를 전달할 때 자주 쓰이는 영어 표현이다.

He is too dumb to learn.
그는 무엇을 배우기에는 너무나도 멍청합니다.

My friend is too foolish to study.
저의 친구는 공부하기에는 너무나도 바보 같습니다.

She is too silly to choose a correct answer.
그녀는 정답을 선택하기에는 너무나도 어리석습니다.

I am too old to work.
저는 일하기에는 너무나도 나이가 많습니다.

My mother is too young to retire.
저의 어머니는 은퇴하기에는 너무나도 젊습니다.

My brother is too lazy to succeed.
저의 형은 성공하기에는 너무나도 게으릅니다.

☑ voca
dumb 멍청한
foolish 바보 같은
correct answer 정답
silly 어리석은
retire 은퇴하다

3. Even worse, his boss fired him.

설상가상으로, 그의 상사는 그를 해고했습니다.

'심지어 더 나쁜' 혹은 '설상가상'을 의미하는 'even worse'는 앞서 언급한 것보다 더 부정적인 것을 설명할 때 자주 쓰이는 영어 표현이다.

He was fired. Even worse, he was injured.

그는 해고당했습니다. 설상가상으로, 그는 다쳤습니다.

I was fired. Even worse, I got divorced.

저는 해고되었습니다. 설상가상으로, 저는 이혼했습니다.

She was late. Even worse, she lost her purse.

그녀는 지각했습니다. 설상가상으로, 그녀는 지갑을 잃어버렸습니다.

A bad peace is even worse than war.

나쁜 평화는 전쟁보다 심지어 더 나쁩니다.

Life is hard, and it gets worse and even worse.

삶은 힘듭니다. 그리고 삶은 더 나빠지고 심지어 더욱 나빠집니다.

Even worse, Steve Jobs was diagnosed with pancreatic cancer.

설상가상으로, 스티브 잡스는 췌장암 진단을 받았습니다.

Motivational Presentations

☑ voca
fire 해고하다
divorce 이혼하다
purse 지갑
diagnose 진단하다
pancreatic cancer 췌장암

4. The boss fired him, saying, "You are unproductive."

"당신은 생산성이 낮습니다."라고 말하면서, 상사는 그를 해고했습니다.

'A라고 말하면서'를 의미하는 'saying (that) A'는 특히 전체 문장의 주어가 발언한 내용을 직접 인용하며 설명할 때 자주 쓰이는 영어 표현이다.

My teacher blamed me, saying, "You are incautious."

"너는 부주의해."라고 말하면서, 선생님은 저를 비난했습니다.

Jane shouted at her boyfriend, saying, "You are careless."

"너는 조심성이 없어."라고 말하면서, 제인은 남자친구에게 소리쳤습니다.

James cried loudly, saying, "I am inattentive."

"나는 주의력이 없어."라고 말하면서, 제임스는 크게 울부짖었습니다.

The boss laughed loudly, saying, "You are so funny."

"당신 너무 웃겨."라고 말하면서, 저의 상사는 크게 웃었습니다.

My mother sighed, saying, "I am forgetful."

"나 잘 잊어 먹어."라고 말하면서, 저의 어머니는 한숨지었습니다.

He waved his hand, saying, "See you soon."

"곧 다시 만나."라고 말하면서, 그는 손을 흔들었습니다.

☑ voca
incautious 부주의한
careless 조심성 없는
inattentive 주의력 없는
forgetful 잘 잊는

5. Let me tell you 2 secrets.
2가지 비밀을 여러분들께 말씀드리겠습니다.

'I want to tell you A' 혹은 'I will tell you A'에 비해, 좀 더 정중하게 A를 청중에게 말하고자 할 때 자주 쓰이는 영어 표현이다.

Let me tell you a story.
(1가지) 이야기를 여러분들께 말씀드리겠습니다.

Let me tell you a tale.
(1가지) 이야기를 여러분들께 말씀드리겠습니다.

Let me tell you a mystery.
(1가지) 신비로운 이야기를 여러분들께 말씀드리겠습니다.

Let me tell you a myth.
(1가지) 신화를 여러분들께 말씀드리겠습니다.

Let me tell you a legend.
(1가지) 전설을 여러분들께 말씀드리겠습니다.

Let me tell you a tradition.
(1가지) 전통을 여러분들께 말씀드리겠습니다.

Motivational Presentations

☑ voca
tale 이야기
mystery 신비로운 이야기
myth 신화
legend 전설
tradition 전통

6. The 2 secrets made such a poor guy be great.
그 2가지 비밀이 그렇게나 불쌍한(가난한) 녀석을 위대한 인물로 만들었습니다.

'그렇게나 A한 B, 진짜 A한 B'를 의미하는 'such a A B'는 형용사(A)의 의미를 특히 강조해서 명사(B)를 설명할 때 자주 쓰이는 영어 표현이다.

They made such an ordinary student be excellent.
그들은 그렇게나 평범한 학생을 탁월하게 만들었습니다.

He was such a dumb student.
그는 그렇게나 멍청한 학생이었습니다.

It was such a beautiful day.
그렇게나 아름다운 날이었습니다.

Ariana Grande has such a sweet voice.
아리아나 그란데는 그렇게나 달콤한 음성을 가지고 있습니다.

I have never heard of such a persuasive presentation.
저는 그렇게나 설득력 있는 프레젠테이션을 들어본 적이 없습니다.

Climate change is such an imminent threat to the mankind.
기후 변화는 인류에게 그렇게나 임박한 위협입니다.

☑ voca
ordinary 평범한
persuasive 설득력 있는
imminent 임박한
threat 위협
mankind 인류

2-2 서론 확인 퀴즈

Fill in the blanks with the appropriate words below.
적절한 단어로 아래 빈칸을 채우세요.

Background 배경　　　　　　　　　　　　　　　　　🎧 120.mp3

1_____ this person?
이 사람은 누구일까요?

His teacher said, "You are 2_____ stupid 3_____ learn." 4_____,
his boss fired him, 5_____, "You are unproductive."
"너는 무엇을 배우기에는 너무 멍청해."라고 그의 선생님은 말했습니다. 설상가상으로, "당신은 생산성
이 낮습니다."라고 말하며, 상사는 그를 해고했습니다.

Do you know who he is? Yes, he is Thomas Edison, a great inventor
who had 1,093 patents for various inventions including the light bulb.
그가 누구인지 당신은 알겠습니까? 예, 그는 백열 전구를 포함한 다양한 발명품에 대해 1천93 개의 특
허권을 보유했던 위대한 발명가 토마스 에디슨입니다.

Thesis + Blueprint 논지 + 소주제 소개

6_____ 2 secrets that made 7_____ poor guy be great.
그렇게 불쌍한 녀석을 위대하게 만든 2가지 비밀을 여러분들께 말씀드리겠습니다.

☑ Answer
1 Who is
2 too
3 to
4 Even worse
5 saying
6 Let me tell you
7 such a

3 본론 1

Dissect the paragraph below into the basic elements of a body.
아래 문단을 본론의 기본 요소별로 해부해 보세요.

🎧 121.mp3

The first secret is resilience. Resilience is the ability to spring back into a normal shape or to recover from difficulties. Do you know how many times Edison failed before inventing the light bulb? Surprisingly, 1,000 times. Can you imagine how frustrated and desperate he was? However, he never gave up. He tried again and again.

Topic 소주제

The first secret is resilience.
첫 번째 비밀은 회복력입니다.

Support 근거

Resilience is the ability to spring back into a normal shape or to recover from difficulties.
회복력이란 정상적인 모양으로 되튀거나 혹은 어려움에서 회복하는 능력입니다.

Do you know how many times Edison failed before inventing the light bulb? Surprisingly, 1,000 times.
백열 전구를 발명하기 전에 에디슨이 몇 번이나 실패했는지 알고 있습니까? 놀랍게도, 1천 번입니다.

Can you imagine how frustrated and desperate he was? However, he never gave up. He tried again and again.
그가 얼마나 좌절했고 간절했을지 상상할 수 있겠습니까? 그러나, 그는 결코 포기하지 않았습니다. 그는 몇 번이고 다시 시도했습니다.

3-1 본론 1 속 표현

🎧 122.mp3

1. The first secret is resilience.
첫 번째 비밀은 회복력입니다.

'첫 번째 A는 B이다'를 의미하는 'The first A is B'는 논지를 뒷받침하는 여러 개의 소주제 중 첫 번째 것을 제시할 때 쓰이는 연결어 영어 표현이다.

The first tip is to get up early in the morning.
첫 번째 조언은 아침 일찍 일어나는 것입니다.

The first advice is to pay your attention to what teachers say.
첫 번째 조언은 선생님들이 말하는 것에 주의를 기울이는 것입니다.

The first principle is fairness.
첫 번째 원칙은 공정성입니다.

The first recommendation is to ask advice from an expert.
첫 번째 권고는 전문가에게 조언을 구하는 것입니다.

The first lesson is to begin as soon as possible.
첫 번째 교훈은 가급적 일찍 시작하는 것입니다.

The first quality is integrity.
첫 번째 자질은 진실함입니다.

☑ voca
resilience 회복력
pay attention 주의를 기울이다
principle 원칙
recommendation 권고
expert 전문가
integrity 진실함

2. Resilience is the ability to spring back.
회복력이란 되튀는 능력입니다.

'A는 B하는 능력이다'를 의미하는 'A is the ability to B'는 능력과 관련된 어떤 개념 혹은 용어를 설명할 때 자주 쓰이는 영어 표현이다.

Energy is the ability to work.
에너지란 일할 수 있는 능력입니다.

Imagination is the ability to visualize.
상상력이란 시각화할 수 있는 능력입니다.

Intelligence is the ability to adapt to change.
지능이란 변화에 적응할 수 있는 능력입니다.

Creativity is the ability to make something new.
창의력이란 새로운 것을 만들 수 있는 능력입니다.

Power is the ability to get the outcomes one wants from others.
권력이란 어떤 사람이 타인으로부터 원하는 결과를 얻는 능력입니다.

Stamina is the ability to sustain an activity for a long period.
체력이란 오랜 기간 동안 어떤 활동을 지속할 수 있는 능력입니다.

☑ voca
imagination 상상력
visualize 시각화하다
intelligence 지능
creativity 창의력
power 권력
outcome 결과
stamina 체력

3. Resilience is the ability to recover from difficulties.

회복력이란 어려움에서 회복하는 능력입니다.

동사구 'recover from A'은 'A에서 회복하다' 혹은 'A로부터 되찾다'라는 의미를 전달할 때 자주 쓰이는 영어 표현이다.

Eating a good breakfast is desirable to recover from hangover.

좋은 아침 식사를 하는 것은 숙취 회복에 바람직합니다.

Lately, she recovered from COVID-19.

최근에 그녀는 코로나-19에서 회복했습니다.

Tell me how to recover from a cold.

감기에서 회복하는 방법을 말씀해 주세요.

Sleeping is the best way to recover from burnout.

잠자는 것이 번아웃(극도의 피로)에서 회복하는 최선의 방법입니다.

It will take more time for her to recover from divorce.

그녀가 이혼에서 회복하는데 시간이 더 필요할 것입니다.

How long did it take to recover from the Great Depression?

대공황에서 회복하는데 얼마나 오랜 시간이 걸렸습니까?

Motivational Presentations

☑ voca
desirable 바람직한
hangover 숙취
burnout 번아웃, 극도의 피로 상태
Great Depression (1930년대) 대공황

4. Do you know how many times Edison failed?
에디슨이 몇 번이나 실패했는지 알고 있습니까?

'A를 알고 있는가?'를 의미하는 'Do you know A'는 흥미로운 사실에 대한 질문으로 청중의 관심을 집중시킬 때 자주 쓰이는 영어 표현이다.

Do you know how many people live on the Earth?
지구에 얼마나 많은 사람들이 살고 있는지 알고 있습니까?

Do you know the fact that Australia is wider than the moon?
호주가 달보다 더 넓다는 사실을 알고 있습니까?

Do you know that Venus is the only planet to spin clockwise?
금성이 시계 방향으로 도는 유일한 행성이라는 것을 알고 있습니까?

Do you know how many stars are in the universe?
우주에 얼마나 많은 별들이 있는지 알고 있습니까?

Do you know how many people died during World War II?
2차 세계대전 기간 중 얼마나 많은 사람들이 죽었는지 알고 있습니까?

Do you know how much money Elon Musk earns per day?
일론 머스크가 하루에 얼마나 많은 돈을 버는지 알고 있습니까?

☑ voca
Venus 금성
planet 행성
clockwise 시계 방향으로
universe 우주

5. Can you imagine how frustrated he was?

그가 얼마나 좌절했을지 상상할 수 있겠습니까?

'A를 상상할 수 있는가?'를 의미하는 'Can you imagine A'는 상상을 자극하는 질문을 통해 청중의 공감을 불러일으킬 때 쓰이는 영어 표현이다.

Can you imagine how sad Julia was?

줄리아가 얼마나 슬펐을지 상상할 수 있겠습니까?

Can you imagine how desperate Thomas was?

토마스가 얼마나 간절했을지 상상할 수 있겠습니까?

Can you imagine how fearful the children were?

그 어린이들이 얼마나 무서웠을지 상상할 수 있겠습니까?

Can you imagine how anxious your mother was?

당신의 어머니가 얼마나 염려했을지 상상할 수 있겠습니까?

Can you imagine how angry my father was?

저의 아버지가 얼마나 화났을지 상상할 수 있겠습니까?

Can you imagine how irritated I was?

제가 얼마나 짜증났을지 상상할 수 있겠습니까?

Motivational Presentations

☑ voca
frustrated 좌절한
desperate 간절한
fearful 걱정하는
anxious 불안한
irritated 짜증이 난

6. However, he never gave up.
그러나, 그는 결코 포기하지 않았습니다.

구동사 'give up'은 '포기하다'라는 의미를 전달할 때 자주 쓰이는 영어 표현이다. 목적어와 함께 쓰일 수도 있다.

It is time to give up.
이제 포기해야 할 시간입니다.

She gave up without any fight.
그녀는 싸워보지도 않고 포기했습니다.

Sometimes, courage lies in giving up.
가끔, 용기는 포기하는 것에 있습니다.

Our greatest weakness lies in giving up.
우리들의 가장 큰 약점은 포기하는 것에 있습니다.

It is hard to beat a person who never gives up.
결코 포기하지 않는 사람을 이기는 것은 어렵습니다.

Immanuel Kant did not give up the dream of a perpetual peace.
임마누엘 칸트는 영원한 평화의 꿈을 포기하지 않았습니다.

☑ voca
courage 용기
lies in ~에 있다
weakness 약점
beat 이기다
perpetual 영원한

3-2 본론 1 확인 퀴즈

Fill in the blanks with the appropriate words below.
적절한 단어로 아래 빈칸을 채우세요.

Topic 소주제   🎧 128.mp3

The 1_____ secret 2_____ resilience.
첫 번째 비밀은 회복력입니다.

Support 근거

Resilience is 3_____ spring back into a normal shape or to
4_____ difficulties.
회복력이란 정상적인 모양으로 되튀거나 혹은 어려움에서 회복하는 능력입니다.

5_____ how many times Edison failed before inventing the
light bulb? Surprisingly, 1,000 times.
백열 전구를 발명하기 전에 에디슨이 몇 번이나 실패했는지 알고 있습니까? 놀랍게도, 1천 번입니다.

6_____ how frustrated and desperate he was? However,
he never 7_____. He tried again and again.
그가 얼마나 좌절했고 간절했을지 상상할 수 있겠습니까? 그러나, 그는 결코 포기하지 않았습니다. 그
는 몇 번이고 다시 시도했습니다.

☑ Answer
1 first
2 is
3 the ability to
4 recover from
5 Do you know
6 Can you imagine
7 gave up

4 본론 2

Dissect the paragraph below into the basic elements of a body.
아래 문단을 본론의 기본 요소별로 해부해 보세요.

🎧 129.mp3

The second secret is optimism. Optimism is the quality of being hopeful about the future or confident of a successful outcome. Edison said, "I did not fail 1,000 times. The light bulb was an invention with 1,000 steps." For him, a failure was just a valuable stepping stone to success. He stepped up from these failures.

Topic 소주제

The second secret is optimism.
두 번째 비밀은 낙관론입니다.

Support 근거

Optimism is the quality of being hopeful about the future or confident of a successful outcome.
낙관론이란 미래에 대한 희망으로 가득 차 있거나 성공적인 결과를 확신하는 성질입니다.

Edison said, "I did not fail 1,000 times. The light bulb was an invention with 1,000 steps."
"나는 1천 번을 실패한 것이 아니다. 백열 전구는 1천 개의 단계를 거쳐 만든 발명품이다."라고 에디슨은 말했습니다.

For him, a failure was just a valuable stepping stone to success. He stepped up from these failures.
그에게 실패란 단지 성공을 향한 값진 디딤돌이었습니다. 그는 이러한 실패를 딛고 일어섰습니다.

4-1 본론 2 속 표현

🎧 130.mp3

1. The second secret is optimism.
두 번째 비밀은 낙관론입니다.

'두 번째 A는 B이다' 를 의미하는 'The second A is B'는 여러 개의 소주제 중 두 번째 것을 제시할 때 자주 쓰이는 연결어 영어 표현이다.

The second step is to be confident.
두 번째 단계는 자신감을 가지는 것입니다.

The second question is whether you are enthusiastic or not.
두 번째 질문은 당신이 열정적인지 그렇지 않은지 여부입니다.

The second element is passion.
두 번째 요소는 열정입니다.

The second lesson is that "Trust no one but yourself."
두 번째 교훈은 "당신 자신 이외에 누구도 믿지 말라."입니다.

The second choice is mergers & acquisitions (M&A).
두 번째 선택은 기업 인수 합병입니다.

The second option is to attract angel investors.
두 번째 옵션은 엔젤 투자자들을 유치하는 것입니다.

Motivational Presentations

☑ voca
confident 자신감 있는
enthusiastic 열정적인
passion 열정
M&A 기업 인수 합병
angel investor 신생 기업 투자자

2. Optimism is the quality of being hopeful.
낙관론이란 희망에 가득 차 있는 성질입니다.

'A는 B의 성질이다'를 의미하는 'A is the quality of B'는 특징, 품질 등과 관련된 어떤 개념 혹은 용어를 설명할 때 자주 쓰이는 영어 표현이다.

Coherence is the quality of being logical and consistent.
일관성이란 논리적이고 한결같은 성질입니다.

Conciseness is the quality of being short and clear.
간결성이란 짧고 분명한 성질입니다.

Accuracy is the quality of being exact and correct.
정확성이란 정확하고 올바른 성질입니다.

Utility is the quality of being useful.
유용성이란 쓸모 있는 성질입니다.

Integrity is the quality of being honest and morally upright.
진실성이란 정직하고 도덕적으로 똑바른 성질입니다.

Equity is the quality of being fair and reasonable.
형평성이란 공정하고 합리적인 성질입니다.

☑ voca
optimism 낙관주의, 낙관론
coherence 일관성
consistent 한결같은
conciseness 간결성
utility 유용성
integrity 진실성
upright 똑바로
equity 형평성

3. He was confident of a successful outcome.
그는 성공적인 결과를 확신하고 있었습니다.

형용사구 'confident of A'는 흔히 be 동사와 함께 'A를 확신하다'라는 의미를 전달하는 동사구로 자주 쓰이는 영어 표현이다.

I have been 100% confident of your success.
저는 당신의 성공을 100% 확신하고 있었습니다.

All the people were fully confident of winning the game.
모든 사람들은 경기에서 이길 것을 완전히 확신하고 있었습니다.

He was confident of getting admitted to Harvard University.
그는 하버드대학으로부터 입학 허가를 받을 것을 확신하고 있었습니다.

President Donald Trump was confident of his reelection in 2020. 도널드 트럼프 대통령은 2020년 자신의 재선을 확신하고 있었습니다.

Steve Jobs was extremely confident of himself.
스티브 잡스는 자기 자신을 극도로 확신하고 있었습니다.

Winston Churchill was confident of final victory in World War II. 윈스턴 처칠은 2차 세계대전의 최종 승리를 확신하고 있었습니다.

☑ voca
admit 입학을 허락하다
reelection 재선
extremely 극도로
final 최종의
victory 승리

4. The light bulb was an invention with 1,000 steps.
백열 전구는 1천 개의 단계를 거쳐 만든 발명품이었습니다.

명사구 'an invention with A steps'는 'A개의 단계를 거쳐 만든 발명품'이라는 의미
를 전달할 때 쓰이는 영어 표현이다.

The automobile was an invention with 20,000 steps.
자동차는 2만 개의 단계를 거쳐 만든 발명품입니다.

The telephone was an invention with several thousand steps.
전화기는 수천 개의 단계를 거쳐 만든 발명품입니다.

The computer was an invention with 1 million steps.
컴퓨터는 1백만 개의 단계를 거쳐 만든 발명품입니다.

The airplane was an invention with more than 10,000 steps.
비행기는 1만 개 이상의 단계를 거쳐 만든 발명품입니다.

The printing press was an invention with innumerable steps.
인쇄기는 셀 수 없이 많은 단계를 거쳐 만든 발명품입니다.

The phonograph was an invention with only a few steps.
축음기는 다만 몇 안 되는 단계를 거쳐 만든 발명품입니다.

☑ voca
automobile 자동차
several thousand 수천
printing press 인쇄기
innumerable 셀 수 없는
phonograph 축음기

5. A failure was a stepping stone to success.
실패는 성공을 향한 값진 디딤돌이었습니다.

명사구 'a stepping stone to A'는 주로 긍정적인 뜻의 명사가 뒤에 나와서 'A를 향한 디딤돌'이라는 의미를 전달할 때 쓰이는 영어 표현이다.

A failure is a stepping stone to greatness.
실패는 위대함을 향한 디딤돌입니다.

An internship is a stepping stone to a full-time job.
인턴사원 근무는 상근직을 향한 디딤돌입니다.

University is a stepping stone to a decent job.
대학은 괜찮은 직업을 향한 디딤돌입니다.

All misfortune is but a stepping stone to fortune.
모든 불행은 오직 행운을 향한 디딤돌입니다.

Research is a stepping stone to technological development.
연구는 기술 개발을 향한 디딤돌입니다.

Everything in my life is a stepping stone to something else.
제 인생의 모든 것들은 다른 것들을 향한 디딤돌입니다.

☑ voca
greatness 위대함
full-time job 상근직
decent 괜찮은
fortune 행운
misfortune 불운
technological development 기술 개발

6. He stepped up from these failures.
그는 이러한 실패를 딛고 일어섰습니다.

구동사 'step up from A'는 'A를 딛고 일어서다', 'A에서 일어서다', 'A에서 한 단계 더 발전하다'라는 의미를 전달할 때 쓰이는 영어 표현이다.

They stepped up from despair.
그들은 절망을 딛고 일어섰습니다.

Please, step up from depression.
제발 우울증을 딛고 일어서세요.

My father stepped up from bankruptcy.
저의 아버지는 파산을 딛고 일어섰습니다.

Robert De Niro stepped up from prostate cancer.
로버트 드 니로는 전립선암을 딛고 일어섰습니다.

Korea stepped up from the ashes of the Korean War.
한국은 한국전쟁의 잿더미를 딛고 일어섰습니다.

Ukraine will step up from the devastation of Russia's invasion.
우크라이나는 러시아의 침략으로 인한 파괴를 딛고 일어설 것입니다.

☑ voca
despair 절망
depression 우울증
bankruptcy 파산
prostate 전립선
ash 재, 잿더미
devastation 파괴
invasion 침략

4-2 본론 2 확인 퀴즈

Fill in the blanks with the appropriate words below.
적절한 단어로 아래 빈칸을 채우세요.

Topic 소주제   🎧 136.mp3

The 1_____ secret is optimism.

두 번째 비밀은 낙관론입니다.

Support 근거

Optimism is the 2_____ being hopeful about the future or
3_____ a successful outcome.

낙관론이란 미래에 대한 희망으로 가득 차 있거나 성공적인 결과를 확신하는 성질입니다.

Edison said, "I did not fail 1,000 times. The light bulb was an invention
4_____ 1,000 5_____."

"나는 1천 번을 실패한 것이 아니다. 백열 전구는 1천 개의 단계를 거쳐 만든 발명품이다."라고 에디슨은
말했습니다.

For him, a failure was just a valuable 6_____ success. He
7_____ these failures.

그에게 실패란 단지 성공을 향한 값진 디딤돌이었습니다. 그는 이러한 실패를 딛고 일어섰습니다.

☑️ Answer
1 second
2 quality of
3 confident of
4 with
5 steps
6 stepping stone to
7 stepped up from

5 결론

Dissect the paragraph below into the basic elements of a conclusion.
아래 문단을 결론의 기본 요소별로 해부해 보세요.

🎧 137.mp3

In brief, the 2 secrets, resilience and optimism, make a great person like Edison. Are you frustrated by continuous failures? Are you depressed by relentless accusations against you? Are you afraid of worsening situations? Remember the 2 secrets: Be resilient and be optimistic. Then, it is your turn to be another great person.

Thesis + Summary 논지 + 소주제 요약

In brief, the 2 secrets, resilience and optimism, make a great person like Edison.

간단히 말해서, 회복력과 낙관론이라는 2가지 비밀이 에디슨과 같은 위대한 인물을 만듭니다.

Addition 추가

Are you frustrated by continuous failures? Are you depressed by relentless accusations against you? Are you afraid of worsening situations?

당신은 반복된 실패로 좌절하고 있습니까? 당신은 가치 없는 비난으로 우울하십니까? 당신은 악화되는 상황으로 두렵습니까?

Remember the 2 secrets: Be resilient and be optimistic.

2가지 비밀을 기억하세요. 회복력 있고 낙관적이세요.

Then, it is your turn to be another great person.

그렇다면, 당신이 또 다른 위대한 인물이 될 차례입니다.

5-1 결론 속 표현

🎧 138.mp3

1. In brief, the 2 secrets make a great person.
간단히 말해서, 그 2가지 비밀이 위대한 인물을 만듭니다.

'간단히 말해서, 요컨대'를 의미하는 'In brief'는 지금까지 말한 내용을 간략하게 정리해서 결론을 제시할 때 자주 쓰이는 연결어 영어 표현이다.

In brief, you can make a great leader.
간단히 말해서, 당신은 위대한 리더가 될 수 있습니다.

In brief, Robert Nozick was such a great philosopher.
간단히 말해서, 로버트 노직은 그렇게나 위대한 철학자였습니다.

In brief, an entrepreneur must be optimistic.
간단히 말해서, 사업가는 낙관적이어야 합니다.

In brief, originality is a requirement for a great innovator.
간단히 말해서, 독창성은 위대한 혁신가의 요건입니다.

In brief, John Stuart Mill was a great thinker.
간단히 말해서, 존 스튜어트 밀은 위대한 사상가였습니다.

In brief, patriotism is necessary for a great politician.
간단히 말해서, 애국심은 위대한 정치인에게 필요합니다.

Motivational Presentations

☑ voca
philosopher 철학자
entrepreneur 사업가
originality 독창성
innovator 혁신가
thinker 사상가
patriotism 애국심
politician 정치인

2. Resilience makes a great person like Edison.
회복력이 에디슨과 같은 위대한 인물을 만듭니다.

'B와 같은 A'를 의미하는 'A like B'는 특히 앞서 언급된 사람, 사물 등 (A)의 구체적 예시(B)를 한 가지만 제시할 때 자주 쓰이는 영어 표현이다.

Honesty makes a great statesman like Abraham Lincoln.
정직함이 에이브러햄 링컨과 같은 위대한 정치가를 만듭니다.

Curiosity makes a great inventor like Nikola Tesla.
호기심이 니콜라 테슬라와 같은 위대한 발명가를 만듭니다.

A sense of humor makes a great novelist like James Joyce.
유머 감각이 제임스 조이스와 같은 위대한 소설가를 만듭니다.

Sensitivity makes a great poet like William Blake.
감수성이 윌리엄 블레이크와 같은 위대한 시인을 만듭니다.

Artistic passion makes a great composer like Beethoven.
예술적 열정이 베토벤과 같은 위대한 작곡가를 만듭니다.

Frugality makes a great investor like Warren Buffett.
검소함이 워런 버핏과 같은 위대한 투자자를 만듭니다.

☑ voca
statesman 정치가
curiosity 호기심
novelist 소설가
sensitivity 감수성
poet 시인
composer 작곡가
frugality 검소함

3. Are you frustrated by repeated failures?

당신은 반복되는 실패로 인해 좌절하고 있습니까?

'당신은 A인가?'를 의미하는 'Are you A'는 Yes 혹은 No로 답변할 수 있는 질문으로 청중의 관심을 불러일으킬 때 자주 쓰이는 영어 표현이다.

Are you with me?

당신은 저와 함께 있습니까? (제 말을 이해하시겠습니까?)

Are you familiar with this picture?

당신은 이 사진에 익숙하십니까? (이 사진을 잘 알고 있습니까?)

Are you still angry at the fact?

당신은 그 사실에 여전히 분노하고 있습니까?

Are you satisfied with my explanation?

당신은 저의 설명에 만족하고 있습니까?

Are you surprised by the increasing number of coronavirus deaths?

당신은 증가하는 코로나 사망자의 수에 놀라고 있습니까?

Are you okay with 300 million children suffering from poverty?

당신은 3억 명의 어린이들이 빈곤으로 고통 받아도 괜찮습니까?

Motivational Presentations

☑ voca
familiar 익숙한
explanation 설명
suffer 고통 받다
poverty 빈곤

4. Are you afraid of worsening situations?
당신은 악화되고 있는 상황을 두려워하고 있습니까?

형용사구 'afraid of A'는 흔히 Be 동사와 함께 'A를 두려워하다, 무서워하다'라는 의미를 전달하는 동사구로 자주 쓰이는 영어 표현이다.

Are you afraid of failure?
당신은 실패를 두려워하고 있습니까?

Children are afraid of the dark.
어린이들은 어둠을 두려워합니다.

Is he afraid of getting fired?
그는 해고를 두려워하고 있습니까?

My son is not afraid of being alone.
저의 아들은 혼자 있는 것을 두려워하지 않습니다.

I used to be afraid of new challenges.
저는 새로운 도전을 두려워하곤 했습니다.

All the people are afraid of an economic recession.
모든 사람들은 경기 침체를 두려워하고 있습니다.

☑ voca
fire 해고하다
challenge 도전
economic recession 경기 침체

5. Remember the 2 secrets.
2가지 비밀을 기억하세요.

'A를 기억하라'를 의미하는 'Remember A'라는 명령문은 청중이 반드시 기억해야 할 프레젠테이션의 결론을 강조할 때 자주 쓰이는 영어 표현이다.

Remember only this.
단지 이것만 기억하세요.

Remember my argument on greatness.
위대함에 대한 저의 주장을 기억하세요.

Remember the story of Thomas Edison.
토마스 에디슨의 이야기를 기억하세요.

Remember how valuable you are.
당신이 얼마나 소중한지를 기억하세요.

Remember the importance of optimism.
낙관론의 중요성을 기억하세요.

Remember the relation between resilience and greatness.
회복력과 위대함의 관계를 기억하세요.

Motivational Presentations

☑ voca
argument 주장
greatness 위대함
valuable 소중한
resilience 회복력

6. It is your turn to be another great man.

당신이 또 다른 위대한 인물이 될 차례입니다.

'당신이 A할/될 차례이다'를 의미하는 'It is your turn to A'는 특히 청중에게 어떤 행동을 촉구 혹은 권유할 때 자주 쓰이는 영어 표현이다.

It is your turn to answer.

당신이 답변할 차례입니다.

It is your turn to raise a question.

당신이 의문을 제기할 차례입니다.

Now, it is your turn to do something.

이제, 당신이 무엇인가 해야 할 차례입니다.

I am quiet because it is your turn to speak up.

당신이 목소리 높여 말할 차례이기 때문에, 저는 침묵합니다.

If you agree to my presentation, it is your turn to choose.

만약 당신이 저의 프레젠테이션에 동의한다면, 당신이 선택할 차례입니다.

It is your turn to change the world right now.

지금 당장 당신이 세상을 변화시킬 차례입니다.

☑ voca
turn 차례
quiet 침묵의
speak up 목소리 높여 말하다
right now 지금 당장

5-2 결론 확인 퀴즈

Fill in the blanks with the appropriate words below.
적절한 단어로 아래 빈칸을 채우세요.

Thesis + Summary 논지 + 소주제 요약   ♩ 144.mp3

1_____, the 2 secrets, resilience and optimism, make a great person 2_____ Edison.

간단히 말해서, 회복력과 낙관론이라는 2가지 비밀이 에디슨과 같은 위대한 인물을 만듭니다.

Addition 추가

3_____ frustrated by continuous failures? Are you depressed by relentless accusations against you? Are you 4_____ worsening situations?

당신은 반복된 실패로 좌절하고 있습니까? 당신은 가차 없는 비난으로 우울하십니까? 당신은 악화되는 상황으로 두렵습니까?

5_____ the 2 secrets: Be resilient and be optimistic.

2가지 비밀을 기억하세요. 회복력 있고 낙관적이세요.

Then, 6_____ your 7_____ to be another great person.

그렇다면, 당신이 또 다른 위대한 인물이 될 차례입니다.

☑ Answer
1 In brief
2 like
3 Are you
4 afraid of
5 Remember
6 it is
7 turn

6 표현 복습

Read carefully the following key expressions again.
다음 핵심 표현을 한 번 더 꼼꼼하게 읽으세요.

Who is this person?
이 사람은 누구일까요?

You are too stupid to learn.
당신은 무엇을 배우기에는 너무나도 멍청합니다.

Even worse, his boss fired him.
설상가상으로, 그의 상사는 그를 해고했습니다.

The boss fired him, saying, "You are unproductive."
"당신은 생산성이 낮습니다."라고 말하면서, 상사는 그를 해고했습니다.

Let me tell you 2 secrets.
2가지 비밀을 여러분들께 말씀드리겠습니다.

The 2 secrets made such a poor guy be great.
그 2가지 비밀이 그렇게나 불쌍한(가난한) 녀석을 위대한 인물로 만들었습니다.

The first secret is resilience.
첫 번째 비밀은 회복력입니다.

Resilience is the ability to spring back.
회복력이란 되튀는 능력입니다.

Resilience is the ability to recover from difficulties.
회복력이란 어려움에서 회복하는 능력입니다.

Do you know how many times Edison failed?

에디슨이 몇 번이나 실패했는지 알고 있습니까?

Can you imagine how frustrated he was?

그가 얼마나 좌절했을지 상상할 수 있겠습니까?

However, he never gave up.

그러나, 그는 결코 포기하지 않았습니다.

The second secret is optimism.

두 번째 비밀은 낙관론입니다.

Optimism is the quality of being hopeful.

낙관론이란 희망에 가득 차 있는 성질입니다.

He was confident of a successful outcome.

그는 성공적인 결과를 확신하고 있었습니다.

The light bulb was an invention with 1,000 steps.

백열 전구는 1천 개의 단계를 거쳐 만든 발명품이었습니다.

A failure was a stepping stone to success.

실패는 성공을 향한 값진 디딤돌이었습니다.

He stepped up from these failures.

그는 이러한 실패를 딛고 일어섰습니다.

In brief, the 2 secrets make a great person.

간단히 말해서, 그 2가지 비밀이 위대한 인물을 만듭니다.

Resilience makes a great person like Edison.

회복력이 에디슨과 같은 위대한 인물을 만듭니다.

Are you frustrated by repeated failures?
당신은 반복되는 실패로 인해 좌절하고 있습니까?

Are you afraid of worsening situations?
당신은 악화되고 있는 상황을 두려워하고 있습니까?

Remember the 2 secrets.
2가지 비밀을 기억하세요.

It is your turn to be another great man.
당신이 또 다른 위대한 인물이 될 차례입니다.

Fill in the blanks with the appropriate words below.
적절한 단어로 아래 빈칸을 채우세요.

⌕ 146.mp3

_____ this person? His teacher said, "You are _____ stupid _____ learn." _____, his boss fired him, _____, "You are unproductive." Do you know who he is? Yes, he is Thomas Edison, a great inventor who had 1,093 patents for various inventions including the light bulb. _____ 2 secrets that made _____ poor guy be great.

The _____ secret _____ resilience. Resilience is _____ spring back into a normal shape or to _____ difficulties. _____ how many times Edison failed before inventing the light bulb? Surprisingly, 1,000 times. _____ how frustrated and desperate he was? However, he never _____. He tried again and again.

The _____ secret is optimism. Optimism is the _____ being hopeful about the future or _____ a successful outcome. Edison said, "I did not fail 1,000 times. The light bulb was an invention _____ 1,000 _____." For him, a failure was just a valuable _____ success. He _____ these failures.

_____, the 2 secrets, resilience and optimism, make a great person _____ Edison. _____ frustrated by continuous failures? Are you depressed by relentless accusations against you? Are you _____ worsening situations? _____ the 2 secrets: Be resilient and be optimistic. Then, _____ your _____ to be another great person.

전체 스크립트는 180페이지, 해석은 183페이지를 확인하세요.

6-2 질문과 답변

Read the sample Q&A at least 3 times, loudly and clearly.
예시 질문과 답변을 최소 3번, 큰 소리로 또렷하게 읽으세요.

🎧 147.mp3

Do you have any questions? I would be happy to answer any questions.

혹시 질문 있으신가요? 어떤 질문이라도 제가 답변드릴 수 있다면, 저는 행복할 것입니다.

Sample Question 예시 질문

Thank you for your inspirational presentation. Personally, it was a great encouragement for me.

영감을 주는 당신의 프레젠테이션에 감사드립니다. 개인적으로, 저에게 큰 격려가 되었습니다.

I have a question for you. How can I improve my resilience?

당신에게 한 가지 질문이 있습니다. 어떻게 하면 저의 회복력을 향상시킬 수 있습니까?

I am so happy to hear that it was encouraging to you. I owe✓ you many thanks.

저의 프레젠테이션이 당신에게 격려가 되었다는 얘기를 들으니, 제가 정말 행복합니다. 제가 당신에게 많이 감사해야 합니다.

Of course, there are a lot of ways to build up resilience. However, considering the time constraint, let me tell you just 3 tips in brief.

물론, 회복력을 키울 수 있는 많은 방법이 있습니다. 그러나, 시간의 제약을 고려해서, 단지 3가지 조언만 간단히 말씀드리겠습니다.

First, ACCEPT! You cannot change the fact that a stressful event continuously happens in your life. However, you can change your response. Just accept it as it is!

첫째, 수용하세요! 당신의 삶에 스트레스가 많은 사건이 끊임없이 벌어진다는 사실을 당신이 변화시킬 수는 없습니다. 그러나, 당신은 당신의 반응을 변화시킬 수 있습니다. 그냥 있는 그대로 수용하세요!

Second, SHARE! By sharing your feelings about a stressful event with friends, you can not only alleviate your stress but also see the event more objectively. Just share how you feel!

둘째, 나누세요! 스트레스가 많은 사건에 대한 당신의 감정을 친구들과 나눔으로써, 당신은 스트레스를 완화할 뿐만 아니라 그 일을 보다 객관적으로 바라볼 수도 있습니다. 당신이 어떻게 느끼는지를 나누세요!

Third, TRY! To be resilient is to be persistent. Are you afraid of dealing with a stressful event? Please, do not run away from the stress. Simply stand up and try again and again.

셋째, 시도하세요! 회복력이 있다는 것은 끈질긴 것입니다. 스트레스가 많은 사건을 다루는 것이 두려운가요? 제발, 그 스트레스로부터 도망치지 마세요. 그냥 일어나서 몇 번이고 다시 시도하세요!

To sum up, remember just 3 words: ACCEPT, SHARE and TRY. Thank you again.

요약하자면, 단지 3가지 단어만 기억하세요. 수용하라, 나누라 그리고 시도하라. 다시 한번 감사드립니다.

☑ 동사 'Owe'의 뜻을 살려 직역을 하면 '제가 당신에게 많은 감사를 빚지고 있습니다.'이다. 다만, 한국어의 경우 '제가 당신에게 많이 감사해야 합니다.'라는 의역이 좀 더 자연스럽다.

7-1 실전 연습 - 개요짜기

Conduct your own outlining for a motivational presentation.
동기 부여 프레젠테이션을 위한 여러분만의 개요짜기를 해보세요.

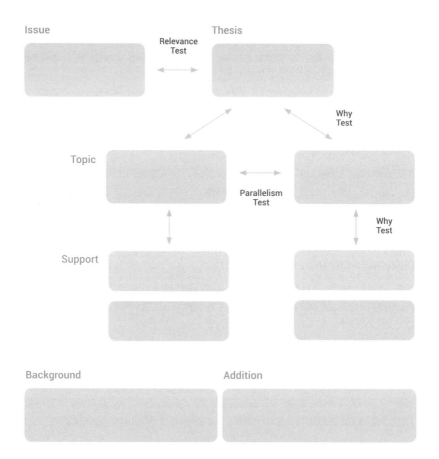

7-2 실전 연습 – 스크립트 쓰기

Prepare your own script for a motivational presentation.
동기 부여 프레젠테이션을 위한 여러분만의 스크립트를 준비하세요.

▶ Introduction

Background

Thesis

Blueprint

▶ Body 1

Topic

_____

_____

_____

Support

_____

_____

_____

_____

_____

▶ Body 2

Topic

_____

_____

_____

Support

_____

_____

_____

_____

_____

▶ Conclusion

Thesis + Summary

_____

_____

_____

_____

Addition

_____

_____

_____

_____

7-3 실전 연습 - 예시 스크립트

Read the sample script for a motivational presentation.
동기 부여 프레젠테이션의 예시 스크립트를 읽으세요.

🎧 148.mp3

The term 'success' means "the accomplishment of a goal." Probably, all of you want to succeed. However, unfortunately, only a few people become successful in real life. According to the University of Scranton, only 8% of people achieve their New Year's goals. If you do the following 2 things, you will be one of the few successful.

First, write down your goal. According to the *Harvard Business Review*, 83% of people do not have any goals. In contrast, 14% of people have goals in their heads. They are 10 times more successful. Only 3% of people write down their goals on paper. They are 30 times more successful. Writing down means you are devoted to your goal.

Second, focus on your goal. You can't do multiple things well at the same time. So, focus on a single thing, your own goal. You must regard all the other things as distractions. Just like Daniel Goleman's book title *Focus: The Hidden Driver of Excellence*, focusing only on your goal is the very key to success. Please, practice focusing.

In brief, writing down and focusing on your goal is a simple but golden recipe for your success. Of course, in the long run, you have to revise your goal. You need to diversify your goal from time to time. Nevertheless, remember this: Each small success achieved by the 2 tips will be a building block for a bigger success. Thank you.

7-4 실전 연습 - 개요짜기

Complete the outlining sheet, based on the sample script.
예시 스크립트에 근거해서, 개요짜기 시트를 완성하세요.

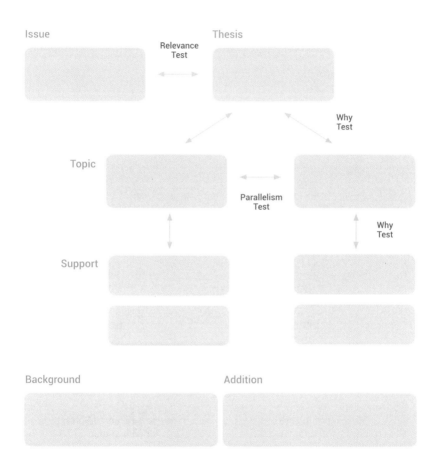

7-5 실전 연습 - 개요짜기 비교하기

Compare your own outlining sheet with the following one.
당신이 직접 작성한 개요짜기 시트를 아래의 것과 비교하세요.

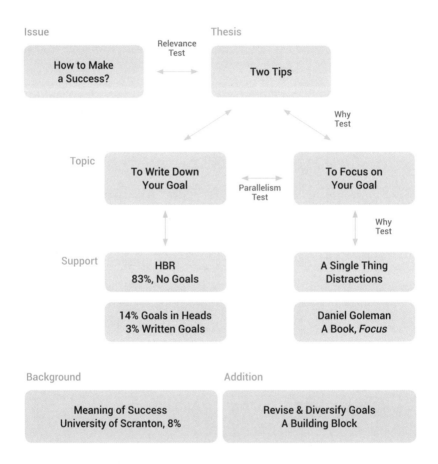

7-6 실전 연습 – 해석 살펴보기

Read carefully the following translation in Korean.
다음 한국어 번역을 꼼꼼하게 읽으세요.

"성공을 위한 2가지 조언" 관련 동기 부여

'성공'이라는 용어는 "어떤 목표의 성취"를 의미합니다. 아마도, 여러분 모두는 성공하기를 원합니다. 그러나, 안타깝게도, 단지 소수의 사람들만이 실제 삶에서 성공합니다. 스크랜턴대학교에 따르면, 단지 8%의 사람들이 새해 목표를 성취합니다. 만약 다음 2가지를 실천한다면, 여러분은 그 소수의 성공하는 사람들 중 한 명이 될 것입니다.

첫째, 여러분의 목표를 쓰세요. '하버드 비즈니스 리뷰'에 따르면, 83%의 사람들은 아무런 목표도 없습니다. 이에 반해, 14%의 사람들은 머릿속에 목표를 가지고 있습니다. 그들은 10배 더 성공적입니다. 단지 3%의 사람들만이 목표를 종이 위에 썼습니다. 그들은 30배 더 성공적입니다. 쓴다는 것은 여러분이 여러분의 목표에 헌신하고 있다는 것을 의미합니다.

둘째, 여러분의 목표에 집중하세요. 여러분은 다수의 일을 동시에 잘할 수 없습니다. 그래서, 한 가지 일, 여러분의 목표에만 집중하세요. 여러분은 다른 모든 일들을 '집중을 방해하는 것'으로 여겨야 합니다. 다니엘 골만의 책 제목인 '집중: 탁월함의 숨은 추진 요인'과 같이, 단지 여러분의 목표에만 집중하는 것이 성공을 위한 바로 그 열쇠입니다. 제발 집중하는 것을 연습하세요.

간단히 말해서, 목표를 쓰고 집중하는 것이 성공을 위한 단순하지만 특별한 비결입니다. 물론, 장기적으로, 여러분은 목표를 수정해야 합니다. 여러분은 때때로 목표를 다각화할 필요가 있습니다. 그럼에도 불구하고, 이것을 기억하세요. 2가지 조언으로 성취될 각각의 작은 성공이 더 큰 성공을 만드는 하나의 블록 조각이 될 것입니다. 감사합니다.

☑ 영어 'Distraction'의 의미를 전달할 한국어 명사가 없어서, 부득이하게 의역한다.
☑ 한국에서는 『포커스: 당신의 잠재된 탁월함을 깨우는 열쇠』라는 제목으로 번역되었다.

Opinion Presentations

의견 제시
프레젠테이션

1 스크립트 미리 보기

Read the following script at least 3 times, loudly and clearly.
다음 스크립트를 최소 3번, 큰 소리로 또렷하게 읽으세요.

🎧 149.mp3

Within the next 2 decades, the global temperature is likely to rise 1.5 degrees Celsius. Even worse, such climate change is expected to put more than 1 million species at risk of mass extinction. So, we have to reduce carbon emissions before it is too late. For both rational consumers and irrational ones, a carbon tax is a good solution.

First, for rational consumers, a carbon tax is an obstacle to unclean consumption. For instance, if a 50% carbon tax is imposed on a product that caused carbon emissions during its production, a rational consumer will not choose the product because of the price increased by 50%. So, a carbon tax will lead to clean consumption.

Next, for irrational consumers, a carbon tax is a fine for unclean consumption. To continue with the previous example, if a consumer insists on buying the product for $100, he must pay a $50 carbon tax additionally. So, government revenue generated from the tax will be used on restoring the climate and developing clean technology.

In conclusion, considering the behavior of consumers, a carbon tax must be a good starting point to tackle the issue of global warming. Some people still object to the tax, voicing concerns about the increasing tax burden. However, don't worry. If you are a rational consumer, you will not have any chance to pay any tax at all.

1-1 개요짜기

Complete the outlining sheet, based on the script.
스크립트에 근거해서, 개요짜기 시트를 완성하세요.

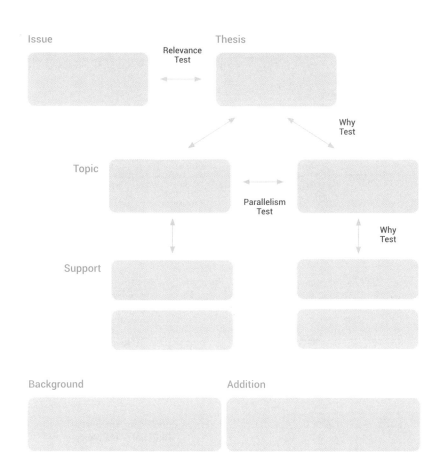

Issue

Thesis

Relevance
Test

Why
Test

Topic

Parallelism
Test

Why
Test

Support

Background

Addition

1-2 개요짜기 비교하기

Compare your own outlining sheet with the following one.
당신이 직접 작성한 개요짜기 시트를 아래의 것과 비교하세요.

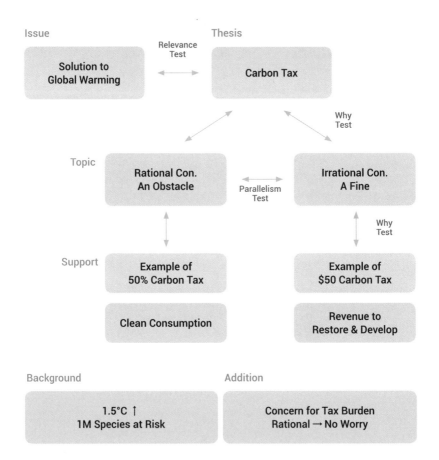

1-3 해석 살펴보기

Read carefully the following translation in Korean.
다음 한국어 번역을 꼼꼼하게 읽으세요.

향후 20년 이내에, 지구의 온도는 섭씨 1.5도✓ 상승할 것 같습니다. 설상가상으로, 그러한 기후 변화는 1백만 이상의 생물 종을 대량 멸종의 위험에 빠트릴 것으로 예상됩니다. 그래서, 우리는 너무 늦기 전에 탄소 배출을 줄여야 합니다. 합리적인 소비자들과 비합리적인 소비자들 모두에게, 탄소세는 좋은 해결책입니다.

첫째로, 합리적인 소비자들에게 탄소세는 깨끗하지 않은 소비에 대한 장애물입니다. 예컨대, 만약 생산 과정 중 탄소 배출을 야기했던 어떤 상품에 대해 50%의 탄소세가 부과된다면, 합리적인 소비자는 50% 만큼 상승한 가격 때문에 그 상품을 선택하지 않을 것입니다. 그래서, 탄소세는 깨끗한 소비로 이어질 것입니다.

다음으로, 비합리적인 소비자들에게 탄소세는 깨끗하지 않은 소비에 대한 벌금입니다. 바로 앞의 예시를 계속 이어 가면, 만약 어떤 소비자가 100달러에 그 상품의 구매를 고집한다면, 그는 50달러 탄소세를 추가로 납부해야 합니다. 그래서, 그 세금으로부터 발생한 정부 수입은 기후를 회복하고 클린 기술을 발전시키는데 사용될 것입니다.

결론적으로, 소비자들의 행동을 고려한다면, 탄소세는 지구 온난화의 문제를 해결하는 좋은 출발점임이 틀림없습니다. 증가되는 세금 부담에 대한 염려를 말하면서, 몇몇 사람들은 여전히 그 세금에 반대합니다. 그러나, 걱정하지 마세요. 만약 당신이 합리적인 소비자라면, 당신이 어떠한 세금이라도 납부할 가능성은 전혀 없을 것입니다.

✓ '(섭씨 도 × 9/5) + 32 = 화씨 도'라는 전환 공식에 따라, 섭씨 1.5도는 화씨 34.7도이다. 미국의 경우 섭씨가 아닌 Fahrenheit 즉, 화씨를 기준으로 온도를 측정한다.

2 서론

Dissect the paragraph below into the basic elements of an introduction.
아래 문단을 서론의 기본 요소별로 해부해 보세요.

🎧 150.mp3

Within the next 2 decades, the global temperature is likely to rise 1.5 degrees Celsius. Even worse, such climate change is expected to put more than 1 million species at risk of mass extinction. So, we have to reduce carbon emissions before it is too late. For both rational consumers and irrational ones, a carbon tax is a good solution.

Background 배경

Within the next 2 decades, the global temperature is likely to rise 1.5 degrees Celsius.
향후 20년 이내에, 지구의 온도는 섭씨 1.5도 상승할 것 같습니다.

Even worse, such climate change is expected to put more than 1 million species at risk of mass extinction.
설상가상으로, 그러한 기후 변화는 1백만 이상의 생물 종을 대량 멸종의 위험에 빠트릴 것으로 예상됩니다.

So, we have to reduce carbon emissions before it is too late.
그래서, 우리는 너무 늦기 전에 탄소 배출을 줄여야 합니다.

Thesis + Blueprint 논지 + 소주제 소개

For both rational consumers and irrational ones, a carbon tax is a good solution.
합리적인 소비자들과 비합리적인 소비자들 모두에게, 탄소세는 좋은 해결책입니다.

2-1 서론 속 표현

🎧 151.mp3

1. Within the next 2 decades, it is likely to rise 1.5°C.
향후 20년 이내에, 섭씨 1.5도 상승할 것 같습니다.

'향후 A기간 이내'를 의미하는 'within the next A'는 지금부터 시작해서 향후 얼마 동안의 기간 이내를 설명할 때 자주 쓰이는 영어 표현이다.

Within the next 30 years, life expectancy will rise beyond 100.
향후 30년 이내에, 기대 수명이 늘어나서 100세를 넘을 것입니다.

Within the next 5 decades, paper books are likely to disappear.
향후 50년 이내에, 종이 책이 사라질 것 같습니다.

Within the next 7 years, the world population will reach 8.5 billion. 향후 7년 이내에, 세계 인구는 85억 명에 도달할 것입니다.

Within the next 15 years, smart glasses will replace smartphones. 향후 15년 이내에, 스마트 안경이 스마트폰을 대체할 것입니다.

Within the next decade, many people will fall in love with robots. 향후 10년 이내에, 많은 사람들이 로봇과 사랑에 빠질 것입니다.

Within the next 25 years, most cars are likely to drive themselves. 향후 25년 이내에, 대부분의 자동차들은 스스로 운전할 것 같습니다.

☑ voca
life expectancy 기대 수명
disappear 사라지다
population 인구
smart glasses 스마트 안경

Opinion Presentations

2. The global temperature is likely to rise.
지구의 온도는 상승할 것 같습니다.

'A할 것 같다' 혹은 'A하기 쉽다'를 의미하는 'be likely to A'는 확정적 사실이 아니라 가능성을 예상 혹은 전망할 때 자주 쓰이는 영어 표현이다.

It is likely to rain tomorrow.
내일은 비가 올 것 같습니다.

Impacts of climate change are likely to be disastrous.
기후 변화의 충격은 처참할 것 같습니다.

Your presentation is likely to create a controversy.
당신의 프레젠테이션은 논란을 불러일으킬 것 같습니다.

Associate with people who are likely to improve you.
당신을 개선시켜 줄 것 같은 사람들과 어울리세요.

Talent is likely to be found among nonconformists and rebels.
재능은 불순응자와 반대자들에게서 발견될 것 같습니다.

We seek opinions that are likely to support what we want to be true. 우리가 진실이기를 원하는 것을 지지할 것 같은 의견을 우리는 찾습니다.

☑ voca
disastrous 처참한
controversy 논란
associate 어울리다
nonconformist 불순응자
rebel 반대자

3. More than 1 million species are at risk.

1백만 이상의 생물 종이 위험에 처해 있습니다.

'A보다 많은' 혹은 'A 이상의'를 의미하는 'more than A'는 특정한 수 혹은 양보다 더 크거나 많은 것을 설명할 때 자주 쓰이는 영어 표현이다.

More than 3,500 tigers live in the wild.

3천5백 마리 이상의 호랑이가 야생에서 살고 있습니다.

More than 2,000 sea lions are killed each year.

2천 마리 이상의 바다사자가 매년 죽임을 당하고 있습니다.

More than 1,000 mountain gorillas are left on the planet.

1천 마리 이상의 마운틴 고릴라가 지구에 남아 있습니다.

More than 16,000 Asian elephants are kept in captivity.

1만6천 마리 이상의 아시아 코끼리가 감금되어 있습니다.

There are more than 27 million refugees all over the world.

전 세계에 2천7백만 명 이상의 난민이 있습니다.

In the US, more than 100,000 orphans are waiting to be adopted. 미국에서 10만 명 이상의 고아가 입양되기를 기다리고 있습니다.

☑ voca
gorilla 고릴라
planet 지구, 행성
captivity 감금
refugee 난민
orphan 고아
adopt 입양하다

Opinion Presentations

4. They are at risk of mass extinction.
그들은 대량 멸종의 위험에 놓여 있습니다.

전치사구 'at risk of A'는 주로 Be 동사와 함께 'A라는 위험에 놓여 있다'라는 의미를 전달할 때 자주 쓰이는 영어 표현이다.

He was at risk of losing his own life.
그는 자신의 생명을 잃을 위험에 놓여 있었습니다.

Your joke is at risk of sounding rude.
당신의 농담은 무례하게 들릴 위험에 놓여 있습니다.

Steve Jobs was at risk of going bankrupt.
스티브 잡스는 파산할 위험에 놓여 있었습니다.

Who is at risk of hypertension?
누가 고혈압의 위험에 놓여 있습니까?

Over 45 million people was at risk of famine across 43 countries.
43개 국가에 걸친 4천5백만 명이 기근의 위험에 놓여 있습니다.

A firm not investing will be at risk of losing its competitiveness.
투자하지 않는 기업은 경쟁력을 잃을 위험에 놓일 것입니다.

☑ voca
mass extinction 대량 멸종
rude 무례한
bankrupt 파산한
hypertension 고혈압(증)
famine 기근

5. We must reduce CO₂ emissions before it is too late.

우리는 너무 늦기 전에 이산화탄소 배출을 줄여야 합니다.

'너무 늦기 전에'를 의미하는 'before it is too late'은 특히 어떤 행동 혹은 조치를 지금 당장 취할 것을 촉구할 때 자주 쓰이는 영어 표현이다.

Say it before it is too late.

너무 늦기 전에 (그것을) 말하세요.

Do it right now before it is too late.

너무 늦기 전에 지금 당장 (그것을) 하세요.

A decision will be made before it is too late.

너무 늦기 전에 결정이 내려질 것입니다.

Open your eyes to the truth before it is too late.

너무 늦기 전에 진실에 눈을 뜨세요.

Stop killing whales before it is too late.

너무 늦기 전에 고래를 죽이는 것을 멈추세요.

Start saving money for your retirement before it is too late.

너무 늦기 전에 당신의 은퇴를 위해 돈 절약(저축)을 시작하세요.

☑ voca
reduce 줄이다
emission 배출
whale 고래
retirement 은퇴

6. For both rational and irrational ones, it is good.
합리적인 그리고 비합리적인 사람 모두에게, 그것은 좋습니다.

'A와 B 모두' 혹은 'A와 B 둘 다'를 의미하는 'both A and B'는 2가지 대상 혹은 사항을
한꺼번에 모두 언급할 때 자주 쓰이는 영어 표현이다.

For both young and old, it is appropriate.
젊은이와 노인 모두에게, 그것은 적절합니다.

Both husband and wife should be responsible for their children.
남편과 아내 모두 (그들의) 아이들에게 책임을 져야 합니다.

This color is good for both men and women.
이 색깔은 남성과 여성 모두에게 좋습니다.

It is necessary for both children and parents to attend the
conference. 자녀와 부모 모두 그 회의에 참석할 필요가 있습니다.

Both students and teachers complained about the school
renovation. 학생과 선생님 모두 학교 수리에 대해 불평했습니다.

The lives of both humans and animals are equally important.
사람과 동물 모두의 생명이 똑같이 중요합니다.

☑ voca
irrational 비합리적인
appropriate 적절한
complain 불평하다
renovation 수리, 개혁
equally 똑같이, 동등하게

2-2 서론 확인 퀴즈

Fill in the blanks with the appropriate words below.
적절한 단어로 아래 빈칸을 채우세요.

Background 배경   🎧 157.mp3

1_____ 2 decades, the global temperature 2_____ rise 1.5 degrees Celsius.

향후 20년 이내에, 지구의 온도는 섭씨 1.5도 상승할 것 같습니다.

Even worse, such climate change is expected to put 3_____ 1 million species 4_____ mass extinction.

설상가상으로, 그러한 기후 변화는 1백만 이상의 생물 종을 대량 멸종의 위험에 빠트릴 것으로 예상됩니다.

So, we have to reduce carbon emissions 5_____.

그래서, 우리는 너무 늦기 전에 탄소 배출을 줄여야 합니다.

Thesis + Blueprint 논지 + 소주제 소개

For 6_____ rational consumers 7_____ irrational ones, a carbon tax is a good solution.

합리적인 소비자들과 비합리적인 소비자들 모두에게, 탄소세는 좋은 해결책입니다.

☑ Answer
1 Within the next
2 is likely to
3 more than
4 at risk of
5 before it is too late
6 both
7 and

3 본론 1

Dissect the paragraph below into the basic elements of a body.
아래 문단을 본론의 기본 요소별로 해부해 보세요.

First, for rational consumers, a carbon tax is an obstacle to unclean consumption. For instance, if a 50% carbon tax is imposed on a product that caused carbon emissions during its production, a rational consumer will not choose the product because of the price increased by 50%. So, a carbon tax will lead to clean consumption.

Topic 소주제

First, for rational consumers, a carbon tax is an obstacle to unclean consumption.

첫째로, 합리적인 소비자들에게 탄소세는 깨끗하지 않은 소비에 대한 장애물입니다.

Support 근거

For instance, if a 50% carbon tax is imposed on a product that caused carbon emissions during its production, a rational consumer will not choose the product because of the price increased by 50%.

예컨대, 만약 생산 과정 중 탄소 배출을 야기했던 어떤 상품에 대해 50%의 탄소세가 부과된다면, 합리적인 소비자는 50%만큼 상승한 가격 때문에 그 상품을 선택하지 않을 것입니다.

So, a carbon tax will lead to clean consumption.

그래서, 탄소세는 깨끗한 소비로 이어질 것입니다.

🎧 159.mp3

1. First, a carbon tax is an obstacle for consumers.
첫째로, 소비자들에게 탄소세는 장애물입니다.

'첫 번째의, 첫째, 맨 먼저'를 의미하는 'First'는 논지를 뒷받침하는 여러 가지의 소주제 중 첫 번째 것을 제시할 때 쓰이는 연결어 영어 표현이다.

First, an eco-tax is necessary for environmental protection.
첫째로, 환경세는 환경 보호를 위해 필요합니다.

First, a green tax is an effective tool to keep the Earth green.
첫째로, 환경세는 지구를 푸르게 유지하는 효과적인 수단입니다.

First, an environmental tax can be a heavy burden for companies.
첫째로, 환경세는 기업에게 무거운 부담이 될 수 있습니다.

First, a consumer pays a sales tax when he buys a product.
첫째로, 소비자는 상품을 구매할 때 판매세를 지불합니다.

First, an excise tax is imposed on tobacco and alcohol.
첫째로, 특별소비세가 담배와 술에 부과됩니다.

First, an indirect tax is levied on a product, not an individual.
첫째로, 간접세는 개인이 아니라 상품에 부과됩니다.

☑ voca
obstacle 장애물
carbon tax 탄소세
eco-tax 환경세
environmental protection 환경 보호
green tax 환경세
sales tax 판매세
excise tax 특별소비세
tobacco 담배

2. For instance, a 50% carbon tax is imposed.
예컨대, 50%의 탄소세가 부과됩니다.

'예를 들어, 예컨대'를 의미하는 'for instance'는 특히 자신의 소주제를 뒷받침하는 근거로서 예시를 제시할 때 자주 쓰이는 영어 표현이다.

For instance, a 10% value-added tax (VAT) is levied.
예컨대, 10%의 부가가치세가 부과됩니다.

For instance, Korea adopted the policy to reduce CO2.
예컨대, 한국은 이산화탄소를 감축시키는 정책을 채택했습니다.

For instance, methane is a greenhouse gas.
예컨대, 메탄은 온실가스입니다.

For instance, Greta Thunberg is a famous environmental activist.
예컨대, 그레타 툰베리는 유명한 환경 활동가입니다.

For instance, Greenpeace is an NGO acting for the environment.
예컨대, 그린피스는 환경을 위해 활동하는 엔지오(비정부 기구)입니다.

For instance, Al Gore wrote a book *An Inconvenient Truth*.
예컨대, 앨 고어는 「불편한 진실」이라는 책을 썼습니다.

☑ voca
impose 부과하다
value-added tax(VAT) 부가가치세
activist 활동가
nongovernmental organization(NGO) 비정부 기구

3. A tax is an obstacle to unclean consumption.

세금은 깨끗하지 않은 소비에 대한 장애물입니다.

명사구 'an obstacle to A'는 Be 동사와 함께 'A에 대한 장애물이 되다' 즉, 'A를 방해하다'라는 비유적 의미로 자주 쓰이는 영어 표현이다.

Laziness is an obstacle to success.

게으름은 성공에 대한 장애물입니다.

Poverty is an obstacle to your ambition.

가난은 당신의 야망에 대한 장애물입니다.

Such an attitude is an obstacle to reaching an agreement.

그러한 태도는 합의에 도달하는 것에 대한 장애물입니다.

Superstition is an obstacle to scientific development.

미신은 과학의 발전에 대한 장애물입니다.

Hesitation is an obstacle to getting better results.

주저하는 것은 더 좋은 결과를 얻는 것에 대한 장애물입니다.

Destiny is an obstacle to hard work.

운명은 열심히 일하는 것에 대한 장애물입니다.

☑ voca
obstacle 장애물
consumption 소비
agreement 합의
superstition 미신
hesitation 주저함
destiny 운명

Opinion Presentations

4. A tax is imposed on products causing CO_2 emissions.

세금이 이산화탄소 배출을 야기하는 상품에 부과됩니다.

'A is imposed on B'는 'A가 B에게 강요되다' 혹은 'A가 B에 대해 부과되다'라는 의미를 전달할 때 자주 쓰이는 영어 표현이다.

Customs duties are imposed on imported goods.

관세가 수입 상품에 대해 부과됩니다.

A wealth tax is imposed on an individual's net wealth.

부유세는 개인의 (부채를 뺀) 순재산에 부과됩니다.

Democracy cannot be imposed on any nation from the outside.

민주주의는 외부로부터 어떤 국가에게도 강요될 수 없습니다.

Economic sanctions will be imposed on Russia.

경제 제재 조치가 러시아에 대해 부과될 것입니다.

If you try, you will notice that nothing was imposed on you.

만약 노력한다면, 당신에게 강요된 것이 없음을 알아차릴 것입니다.

VAT is imposed on a product whenever a value has been added.

부가가치세는 가치가 더해질 때마다 상품에 부과됩니다.

☑ voca
impose 부과하다
emission 배출
customs duty 관세
import 수입
wealth tax 부유세
net 순
sanction 제재

5. They choose a product because of the price.
그들은 (그 상품의) 가격 때문에 어떤 상품을 선택합니다.

'A 때문에'를 의미하는 'because of A'는 무엇에 대한 이유 혹은 근거를 특히 명사(구), 동명사, 대명사의 형태로 제시할 때 쓰이는 영어 표현이다.

She decided to buy this bag because of the quality.
그녀는 품질 때문에 이 가방을 사기로 결정했습니다.

He likes the iPhone 14 Pro because of the design.
그는 디자인 때문에 아이폰 14 프로를 좋아합니다.

My father ordered a foldable chair because of the utility.
저의 아버지는 유용성 때문에 접이식 의자를 주문했습니다.

Consumers tend to prefer products because of their colors.
소비자들은 색상 때문에 어떤 상품을 선호하는 경향이 있습니다.

My mother purchased a Samsung Smart TV because of the brand. 저의 어머니는 브랜드 때문에 삼성 스마트 TV를 구매했습니다.

I want to see the new movie because of the commercial for it.
저는 광고 방송 때문에 새로 나온 그 영화를 보고 싶습니다.

☑ voca
foldable 접이식의
utility 유용성
commercial 광고 방송

6. The price increased by 50%.

가격이 50%만큼 상승했습니다.

'A만큼 증가하다' 혹은 'A만큼 상승하다'를 의미하는 'increase by A'는 특히 수 혹은
양의 변화를 설명할 때 자주 쓰이는 영어 표현이다.

Annual sales increased by 100%.

연간 매출액이 100%만큼 증가했습니다.

Expenditures on social welfare increased by 70%.

사회 복지 지출이 70%만큼 증가했습니다.

The sales force needs to increase by 40%.

판매 인력이 최소 40%만큼 늘어날 필요가 있습니다.

The total marketing budget must increase by $2 million.

전체 마케팅 예산이 2백만 달러만큼 증가해야 됩니다.

Next year, my income is expected to increase by 20%.

내년에, 저의 소득은 20%만큼 증가할 것으로 기대됩니다.

Korea's GDP increased by 7.8% annually during the 1970s.

1970년대 한국의 국내총생산은 연간 7.8%만큼 증가했습니다.

☑ voca
sales 매출액
expenditure 지출
sales force 판매 인력(조직)
income 소득

3-2 본론 1 확인 퀴즈

Fill in the blanks with the appropriate words below.
적절한 단어로 아래 빈칸을 채우세요.

Topic 소주제 ◯ 165.mp3

1_____, for rational consumers, a carbon tax is 2_____ unclean consumption.

첫째로, 합리적인 소비자들에게 탄소세는 깨끗하지 않은 소비에 대한 장애물입니다.

Support 근거

3_____, if a 50% carbon tax 4_____ a product that caused carbon emissions during its production, a rational consumer will not choose the product 5_____ the price 6_____ 7_____ 50%.

예컨대, 만약 생산 과정 중 탄소 배출을 야기했던 어떤 상품에 대해 50%의 탄소세가 부과된다면, 합리적인 소비자는 50%만큼 상승한 가격 때문에 그 상품을 선택하지 않을 것입니다.

So, a carbon tax will lead to clean consumption.

그래서, 탄소세는 깨끗한 소비로 이어질 것입니다.

Answer
1 First
2 an obstacle to
3 For instance
4 is imposed on
5 because of
6 increased
7 by

4 본론 2

Dissect the paragraph below into the basic elements of a body.
아래 문단을 본론의 기본 요소별로 해부해 보세요.

🎧 166.mp3

Next, for irrational consumers, a carbon tax is a fine for unclean consumption. To continue with the previous example, if a consumer insists on buying the product for $100, he must pay a $50 carbon tax additionally. So, government revenue generated from the tax will be used on restoring climate change and developing clean technology.

Topic 소주제

Next, for irrational consumers, a carbon tax is a fine for unclean consumption.
다음으로, 비합리적인 소비자들에게 탄소세는 깨끗하지 않은 소비에 대한 벌금입니다.

Support 근거

To continue with the previous example, if a consumer insists on buying the product for $100, he must pay a $50 carbon tax additionally.
바로 앞의 예시를 계속 이어 가면, 만약 어떤 소비자가 100달러에 그 상품의 구매를 고집한다면, 그는 50달러 탄소세를 추가로 납부해야 합니다.

So, government revenue generated from the tax will be used on restoring the climate and developing clean technology.
그래서, 그 세금으로부터 발생한 정부 수입은 기후를 회복하고 클린 기술을 발전시키는데 사용될 것입니다.

4-1 본론 2 속 표현

1. Next, a carbon tax is a fine for unclean consumption.
   다음으로, 탄소세는 깨끗하지 않은 소비에 대한 벌금입니다.

'다음으로'를 의미하는 'Next'는 논지를 뒷받침하는 여러 가지의 소주제 중 첫 번째 이후의 것들을 제시할 때 쓰이는 연결어 영어 표현이다.

Next, a green tax can reduce unclean consumption.
다음으로, 환경세는 깨끗하지 않은 소비를 줄일 수 있습니다.

Next, consumers will respond to the price change.
다음으로, 소비자들은 가격 변화에 반응할 것입니다.

Next, the government should impose a sanction on unclean imports. 다음으로, 정부는 깨끗하지 않은 수입품에 대해 제재를 부과해야 합니다.

Next, a financial burden may change the behavior of consumers.
다음으로, 재정적 부담이 소비자들의 행동을 변화시킬 수도 있습니다.

Next, an environmental subsidy is another solution.
다음으로, 환경보조금이 또 다른 해결책입니다.

Next, polluters should pay the cost to get rid of pollution.
다음으로, 오염을 일으킨 자들이 오염을 제거하는 비용을 지불해야 합니다.

☑ voca
consumption 소비
sanction 제재
subsidy 보조금
cost 비용
get rid of 제거하다

2. A carbon tax is a fine for unclean consumption.
탄소세는 깨끗지 않은 소비에 대한 벌금입니다.

명사구 'a fine for A'는 'A에 대한 벌금'이라는 의미를 전달할 때 쓰이는 영어 표현이다. 벌금은 법이나 규정을 위반했을 때 벌칙으로 내는 돈이다.

An eco-tax is a fine for environmental pollution.
환경세는 환경 오염에 대한 벌금입니다.

I got a fine for trespassing.
저는 무단 침입에 대한 벌금을 부과받았습니다.

A tax is a fine for doing well, and a fine is a tax for doing wrong.
세금은 잘한 것에 대한 벌금이고, 벌금은 잘못한 것에 대한 세금입니다.

Up to $1,000 is imposed as a fine for littering on public property. 공유지에 휴지를 버리는 행위에 대해 1천 달러까지 (벌금으로) 부과됩니다.

You have to pay a fine of $300 for speeding.
당신은 속도 위반으로 3백 달러의 벌금을 내야 합니다.

The court decided to impose a fine of $1 for each product sold.
법원은 판매된 상품 하나 당 1달러의 벌금을 부과하기로 결정했습니다.

☑ voca
fine 벌금
trespass 무단 침입하다
litter 휴지를 버리다
public property 공유지
speeding 속도 위반
court 법원

3. Let me continue with the previous example.
바로 앞의 예시를 계속 이어 가겠습니다.

'A를 계속 이어 가다'를 의미하는 'continue with A'는 과거부터 현재까지 해오던 무엇을 향후에도 지속할 때 자주 쓰이는 영어 표현이다.

I want to continue with the previous case.
저는 이전 사례를 계속 이어 가고 싶습니다.

The team will continue with the drill.
그 팀은 훈련을 계속 이어 갈 것입니다.

We should continue with the project.
우리는 그 프로젝트를 계속 진행해야 합니다.

It is necessary to continue with social media campaigns.
소셜미디어 캠페인을 계속 진행하는 것이 필요합니다.

I am happy to continue with my journey through time.
시간을 지나 (저의) 여행을 계속 이어 갈 수 있어서 저는 행복합니다.

It is time to decide whether to continue with the negotiation.
그 협상을 계속 이어 갈지 여부를 결정해야 할 시간입니다.

☑ voca
case 사례
drill 훈련
campaign 캠페인
journey 여행
negotiation 협상

Opinion Presentations

4. A consumer insists on buying the product.
어떤 소비자가 그 상품의 구매를 고집합니다.

'A를 고집하다' 혹은 '고집스레 A를 하다'를 의미하는 'insist on A'는 어떤 행동에 대한 집요한 의도를 전달할 때 자주 쓰이는 영어 표현이다.

He insists on staying at home.
그는 집에 머무를 것을 고집합니다.

She insists on discussing the issue.
그녀는 그 이슈에 대한 토론을 고집합니다.

My boss insists on marketing through Instagram.
저의 상사는 인스타그램을 통한 마케팅을 고집합니다.

Professor Kim insisted on conducting an interview via Zoom.
김 교수는 줌을 통한 인터뷰 진행을 고집했습니다.

Life is really simple, but we insist on making it complicated.
삶은 정말 단순하지만, 우리는 고집스레 삶을 복잡하게 만듭니다.

Man insists on ignoring the lessons available from history.
인간은 역사에서 얻을 수 있는 교훈을 고집스레 무시합니다.

☑ voca
insist 고집하다, 주장하다
discuss 토론하다
conduct 실행/진행하다
complicate 복잡하게 만들다
ignore 무시하다

5. Government revenue is generated from the tax.

정부 수입은 그 세금으로부터 발생합니다.

형용사구 'generated from A'는 'A로부터 발생한' 혹은 'A로부터 만들어진'이라는 의미를 전달할 때 자주 쓰이는 영어 표현이다.

A brand is generated from the market.

브랜드는 시장으로부터 만들어집니다.

Hydropower is generated from the natural flow of moving water. 수력은 움직이는 물의 자연스러운 흐름으로부터 만들어집니다.

Revenue is the total amount of income generated from sales.

수입은 매출로부터 발생한 소득의 총량입니다.

Earnings generated from a rental property are passive income.

임대 부동산으로부터 발생한 소득은 불로 소득입니다.

A material generated from carbon nanotubes is stronger than steel. 탄소 나노튜브로부터 만들어진 물질은 강철보다 강합니다.

In Korea, about 29% of electricity is generated from nuclear power. 한국에서는 약 29%의 전기가 원자력으로부터 만들어집니다.

☑ voca
hydropower 수력
rental 임대
passive income 불로 소득
nanotube 나노튜브
electricity 전기
nuclear power 원자력

6. The revenue is used on restoring the climate.
그 수입은 기후 변화를 회복하는데 사용됩니다.

'B에 A가 사용되다'를 의미하는 'A is used on B'는 특히 세금, 예산, 지출 등 돈과 관련한 사용처를 설명할 때 자주 쓰이는 영어 표현이다.

A lot of money is used on developing new technology.
많은 돈이 새로운 기술을 개발하는데 사용됩니다.

Taxes are used on providing social welfare services.
세금은 사회 복지 서비스를 제공하는데 사용됩니다.

A big budget is used on building social infrastructure.
큰 예산이 사회 기반 시설을 건설하는데 사용됩니다.

A government grant is used on purchasing electronic cars.
정부 보조금이 전기차를 구매하는데 사용됩니다.

A public fund is used on offering scholarships to college students. 공공 기금이 대학생들에게 장학금을 주는데 사용됩니다.

Donations are used on helping children in need.
기부금이 궁핍한 어린이들을 돕는데 사용됩니다.

☑ voca
restore 회복시키다, 복원하다
infrastructure 사회 기반 시설
budget 예산
government grant 정부 보조금
fund 기금
scholarship 장학금
donation 기부(금)

4-2 본론 2 확인 퀴즈

Fill in the blanks with the appropriate words below.
적절한 단어로 아래 빈칸을 채우세요.

Topic 소주제   🎧 173.mp3

1_____, for irrational consumers, a carbon tax is 2_____
unclean consumption.
다음으로, 비합리적인 소비자들에게 탄소세는 깨끗하지 않은 소비에 대한 벌금입니다.

Support 근거

To 3_____ 4_____ the previous example, if a consumer
5_____ buying the product for $100, he must pay a $50 carbon
tax additionally.
바로 앞의 예시를 계속 이어 가면, 만약 어떤 소비자가 100달러에 그 상품의 구매를 고집한다면, 그는
50달러 탄소세를 추가로 납부해야 합니다.

So, government revenue 6_____ the tax will be 7_____
restoring the climate and developing clean technology.
그래서, 그 세금으로부터 발생한 정부 수입은 기후를 회복하고 클린 기술을 발전시키는데 사용될 것입
니다.

☑ Answer
1 Next
2 a fine for
3 continue
4 with
5 insists on
6 generated from
7 used on

5 결론

Dissect the paragraph below into the basic elements of a conclusion.
아래 문단을 결론의 기본 요소별로 해부해 보세요.

🎧 174.mp3

In conclusion, considering the behavior of consumers, a carbon tax must be a good starting point to tackle the issue of global warming. Some people still object to the tax, voicing concerns about the increasing tax burden. However, don't worry. If you are a rational consumer, you will not have any chance to pay any tax at all.

Thesis + Summary 논지 + 소주제 요약

In conclusion, considering the behavior of consumers, a carbon tax must be a good starting point to tackle the issue of global warming.
결론적으로, 소비자들의 행동을 고려한다면, 탄소세는 지구 온난화의 문제를 해결하는 좋은 출발점임이 틀림없습니다.

Addition 추가

Some people still object to the tax, voicing concerns about the increasing tax burden.
증가되는 세금 부담에 대한 염려를 말하면서, 몇몇 사람들은 여전히 그 세금에 반대합니다.

However, don't worry.
그러나, 걱정하지 마세요.

If you are a rational consumer, you will not have any chance to pay any tax at all.
만약 당신이 합리적인 소비자라면, 당신이 어떠한 세금이라도 납부할 가능성은 전혀 없을 것입니다.

5-1 결론 속 표현

🎧 175.mp3

1. In conclusion, a carbon tax is a good solution.
결론적으로, 탄소세는 좋은 해결책입니다.

'결론적으로, 끝으로'를 의미하는 'In conclusion'은 지금까지 말한 내용을 정리해서
결론을 제시할 때 자주 쓰이는 연결어 영어 표현이다.

In conclusion, the policy of a carbon tax must be adopted.
결론적으로, 탄소세 정책이 채택되어야 합니다.

In conclusion, air pollution should be stopped.
결론적으로, 대기 오염은 멈추어져야 합니다.

In conclusion, we should reduce the emissions of greenhouse
gases. 결론적으로, 우리는 온실가스의 배출을 줄여야 합니다.

In conclusion, imposing a tax on CO2 is the best policy.
결론적으로, 이산화탄소에 세금을 부과하는 것이 최선의 정책입니다.

In conclusion, countries must cooperate to stop global warming.
결론적으로, 지구 온난화를 멈추기 위해 국가들이 협력해야 합니다.

In conclusion, we should act right now to protect the ecosystem.
결론적으로, 생태계를 지키기 위해 우리는 지금 당장 행동해야 합니다.

☑ voca
air pollution 대기 오염
emission 배출
greenhouse 온실가스
cooperate 협력하다
global warming 지구 온난화
ecosystem 생태계

Opinion Presentations

261

2. Considering consumers, it is a good solution.
소비자들을 고려하면, 그것은 좋은 해결책입니다.

문장 전체를 수식하는 부사구인 'Considering A'는 'A를 고려하면' 혹은 'A를 감안하면'이라는 의미를 전달할 때 자주 쓰이는 영어 표현이다.

Considering persuasiveness, your presentation is perfect.
설득력을 고려하면, 당신의 프레젠테이션은 완벽합니다.

Considering performance, he deserves a promotion.
성과를 고려하면, 그는 승진할 자격이 있습니다.

Considering our mistakes, we need to apologize.
(우리들의) 실수를 고려하면, 우리는 사과할 필요가 있습니다.

Considering your own imperfections, please be humble.
당신 자신의 불완전함을 고려한다면, 제발 겸손하세요.

Considering competitors, we must increase our R&D investments.
경쟁자들을 고려한다면, 우리는 연구 개발 투자를 늘려야 합니다.

Considering the way the world is, one happy day is almost a miracle.
세상의 모습을 고려한다면, 행복한 하루란 거의 기적입니다.

☑ voca
persuasiveness 설득력
promotion 승진
imperfection 불완전함
humble 겸손한
miracle 기적

3. A carbon tax must be a good starting point.
탄소세는 좋은 출발점임이 틀림없습니다.

'A임이 틀림없다' 혹은 '틀림없이 A일 것이다'를 의미하는 'must be A'는 확실한 추정의 결론을 전달할 때 자주 쓰이는 영어 표현이다.

He must be tired.
그는 틀림없이 지쳐 있을 것입니다.

It must be the best solution.
그것은 틀림없이 최선의 해결책입니다.

John Maynard Keynes must be a great economist.
존 메이너드 케인스는 위대한 경제학자임이 틀림없습니다.

The new song of BTS must be a big hit.
BTS의 신곡은 큰 성공임이 틀림없습니다.

There must be a better way to make the things we want.
우리가 원하는 것들을 만들 수 있는 더 좋은 방법이 틀림없이 있습니다.

There must be always a hope. Fate leaves a hope somewhere.
항상 희망은 틀림없이 있습니다. 운명은 어딘가에 희망을 남겨 둡니다.

Opinion Presentations

☑ voca
economist 경제학자
big hit 큰 성공
fate 운명

4. It is a policy to tackle the issue of global warming.
그것은 지구 온난화의 문제를 해결하는 정책입니다.

동사구 'tackle the issue of A'는 'A라는 문제를 해결하다' 혹은 'A라는 사안과 씨름하다'라는 의미를 전달할 때 자주 쓰이는 영어 표현이다.

It is a chance to tackle the issue of environmental pollution.
그것은 환경 오염의 문제를 해결하는 기회입니다.

It is a strategy to tackle the issue of economic bipolarization.
그것은 경제적 양극화의 문제를 해결하는 전략입니다.

It is a solution to tackle the issue of racial discrimination.
그것은 인종 차별의 문제를 해결하는 해결책입니다.

It is a proposal to tackle the issue of unemployment.
그것은 실업의 문제를 해결하는 제안입니다.

It is a plan to tackle the issue of political instability.
그것은 정치적 불안정의 문제를 해결하는 계획입니다.

It is a method to tackle the issue of absolute poverty.
그것은 절대 빈곤의 문제를 해결하는 방법입니다.

☑ voca
tackle 맞서다, 해결하다
bipolarization 양극화
discrimination 차별
unemployment 실업
instability 불안정

5. Some people still object to a carbon tax.

몇몇 사람들은 여전히 탄소세에 반대합니다.

동사구 'object to A'는 'A에 반대하다' 혹은 'A에 대한 이의, 이견을 제기하다'라는 의미를 전달할 때 자주 쓰이는 영어 표현이다.

I object to your conclusion.

저는 당신의 결론에 반대합니다.

I object to every single word you just said.

저는 당신이 방금 말한 한 단어 한 단어에 모두 반대합니다.

Mahatma Gandhi objected to violence.

마하트마 간디는 폭력에 반대했습니다.

He objects to my remark very strongly.

그는 저의 발언에 매우 강하게 반대합니다.

George W. Bush objected to the Kyoto Protocol to reduce CO2.

조지 W. 부시는 이산화탄소를 감축하는 교토의정서에 반대했습니다.

All the directors object to the plan to launch a new product in May.

모든 이사들이 신상품 5월 출시 계획에 반대합니다.

☑ voca
every single 하나하나
violence 폭력
protocol 의정서
launch 출시하다

6. You do not have any chance to pay any tax at all.
당신이 어떠한 세금이라도 납부할 가능성은 전혀 없습니다.

'A할 기회가 없다'를 의미하는 동사구 'not have any chance to A'는 어떤 행동을 할 가능성이 전혀 없음을 설명할 때 자주 쓰이는 영어 표현이다.

My friend does not have any chance to be promoted.
저의 친구는 승진할 가능성이 전혀 없습니다.

My son does not have any chance to be employed.
저의 아들은 고용될 가능성이 전혀 없습니다.

She does not have any chance to be appointed.
그녀는 임명될 가능성이 전혀 없습니다.

Jane does not have any chance to be elected.
제인은 선출될 가능성이 전혀 없습니다.

My boss does not have any chance to get fired.
저의 상사는 해고당할 가능성이 전혀 없습니다.

My father does not have any chance to retire.
저의 아버지는 은퇴할 가능성이 전혀 없습니다.

☑ voca
employ 고용하다
appoint 임명하다
elect 선출하다
fire 해고하다
retire 은퇴하다

5-2 결론 확인 퀴즈

Fill in the blanks with the appropriate words below.
적절한 단어로 아래 빈칸을 채우세요.

Thesis + Summary 논지 + 소주제 요약　　　　　　　　　🎧 181.mp3

1_____, 2_____ the behavior of consumers, a carbon tax 3_____ a good starting point to 4_____ the 5_____ of global warming.

결론적으로, 소비자들의 행동을 고려한다면, 탄소세는 지구 온난화의 문제를 해결하는 좋은 출발점임이 틀림없습니다.

Addition 추가

Some people still 6_____ the tax, voicing concerns about the increasing tax burden.

증가되는 세금 부담에 대한 염려를 말하면서, 몇몇 사람들은 여전히 그 세금에 반대합니다.

However, don't worry.

그러나, 걱정하지 마세요.

If you are a rational consumer, you will not 7_____ pay any tax at all.

만약 당신이 합리적인 소비자라면, 당신이 어떠한 세금이라도 납부할 가능성은 전혀 없을 것입니다.

☑ Answer
1 In conclusion
2 considering
3 must be
4 tackle
5 issue
6 object to
7 have any chance to

6 표현 복습

Read carefully the following key expressions again.
다음 핵심 표현을 한 번 더 꼼꼼하게 읽으세요.

Within the next 2 decades, it is likely to rise 1.5°C.
향후 20년 이내에, 섭씨 1.5도 상승할 것 같습니다.

The global temperature is likely to **rise.**
지구의 온도는 상승할 것 같습니다.

More than 1 million species are at risk.
1백만 이상의 생물 종이 위험에 처해 있습니다.

They are at risk of **mass extinction.**
그들은 대량 멸종의 위험에 놓여 있습니다.

We must reduce CO$_2$ emissions before it is too late.
우리는 너무 늦기 전에 이산화탄소 배출을 줄여야 합니다.

For both **rational** and **irrational ones, it is good.**
합리적인 그리고 비합리적인 사람 모두에게, 그것은 좋습니다.

First, a carbon tax is an obstacle for consumers.
첫째로, 소비자들에게 탄소세는 장애물입니다.

For instance, a 50% carbon tax is imposed.
예컨대, 50%의 탄소세가 부과됩니다.

A tax is an obstacle to **unclean consumption.**
세금은 깨끗하지 않은 소비에 대한 장애물입니다.

A tax is imposed on products causing CO₂ emissions.

세금이 이산화탄소 배출을 야기하는 상품에 부과됩니다.

They choose a product because of the price.

그들은 (그 상품의) 가격 때문에 어떤 상품을 선택합니다.

The price increased by 50%.

가격이 50%만큼 상승했습니다.

Next, a carbon tax is a fine for unclean consumption.

다음으로, 탄소세는 깨끗하지 않은 소비에 대한 벌금입니다.

A carbon tax is a fine for unclean consumption.

탄소세는 깨끗하지 않은 소비에 대한 벌금입니다.

Let me continue with the previous example.

바로 앞의 예시를 계속 이어 가겠습니다.

A consumer insists on buying the product.

어떤 소비자가 그 상품의 구매를 고집합니다.

Government revenue is generated from the tax.

정부 수입은 그 세금으로부터 발생합니다.

The revenue is used on restoring climate change.

그 수입은 기후 변화를 회복하는데 사용됩니다.

In conclusion, a carbon tax is a good solution.

결론적으로, 탄소세는 좋은 해결책입니다.

Considering consumers, it is a good solution.

소비자들을 고려하면, 그것은 좋은 해결책입니다.

A carbon tax must be a good starting point.

탄소세는 좋은 출발점임이 틀림없습니다.

It is a policy to tackle the issue of global warming.

그것은 지구 온난화의 문제를 해결하는 정책입니다.

Some people still object to a carbon tax.

몇몇 사람들은 여전히 탄소세에 반대합니다.

You do not have any chance to pay any tax at all.

당신이 어떠한 세금이라도 납부할 가능성은 전혀 없습니다.

Fill in the blanks with the appropriate words below.
적절한 단어로 아래 빈칸을 채우세요.

🎧 183.mp3

_____ 2 decades, the global temperature _____ rise 1.5 degrees Celsius. Even worse, such climate change is expected to put _____ 1 million species _____ mass extinction. So, we have to reduce carbon emissions _____. For _____ rational consumers _____ irrational ones, a carbon tax is a good solution.

_____, for rational consumers, a carbon tax is _____ unclean consumption. _____, if a 50% carbon tax _____ a product that caused carbon emissions during its production, a rational consumer will not choose the product _____ the price _____ _____ 50%. So, a carbon tax will lead to clean consumption.

_____, for irrational consumers, a carbon tax is _____ unclean consumption. To _____ _____ the previous example, if a consumer _____ buying the product for $100, he must pay a $50 carbon tax additionally. So, government revenue _____ the tax will be _____ restoring the climate and developing clean technology.

_____, _____ the behavior of consumers, a carbon tax _____ a good starting point to _____ the _____ of global warming. Some people still _____ the tax, voicing concerns about the increasing tax burden. However, don't worry. If you are a rational consumer, you will not _____ pay any tax at all.

전체 스크립트는 232페이지, 해석은 235페이지를 확인하세요.

6-2 질문과 답변

Read the sample Q&A at least 3 times, loudly and clearly.
예시 질문과 답변을 최소 3번, 큰 소리로 또렷하게 읽으세요.

🎧 184.mp3

Do you have any questions? I would be happy to answer any questions.
혹시 질문 있으신가요? 어떤 질문이라도 제가 답변드릴 수 있다면, 저는 행복할 것입니다.

Sample Question 예시 질문

I don't understand your argument. In fact, there is no sufficient scientific evidence to show the causation between CO_2 and global warming. So, I don't understand why you are in support of a carbon tax as the solution to global warming.

저는 당신의 주장을 이해할 수 없습니다. 사실, 이산화탄소와 지구 온난화 사이의 인과관계를 보여 주는 충분한 과학적 근거는 없습니다. 그래서, 저는 왜 당신이 지구 온난화에 대한 해결책으로써 탄소세를 지지하는지 이해할 수 없습니다.

Thank you. However, I think it is necessary to make a clear distinction between 'I don't understand.' and 'I don't agree.' It seems that you do understand my argument clearly, but you do not agree with me. In other words, you have a different opinion.

감사합니다. 그러나, 저는 '내가 이해할 수 없다.'와 '내가 동의하지 않는다.'를 분명하게 구분할 필요가 있다고 생각합니다. 당신은 저의 주장을 분명하게 이해하고 있지만, 저에게 동의하지 않는 것으로 보입니다. 다시 말해서, 당신은 (저와) 다른 의견을 가지고 있습니다.

First of all, you raised the issue of scientific uncertainty over the relation between CO_2 and global warming. Simply put, the fact is this: There has been an increase of CO_2 concentration in the atmosphere and, at the same time, an increase of the global temperature. However, we don't know yet whether the relation is causation or coincidence.

우선, 당신은 이산화탄소와 지구 온난화의 관계에 대한 과학적 불확실성의 문제를 제기했습니다. 간단히 말해, 사실은 이렇습니다. 대기 중 이산화탄소의 농도는 증가했고, 동시에 지구의 온도도 상승했습니다. 그러나, 우리는 그 관계가 인과관계인지 혹은 우연관계인지 여부는 여전히 모릅니다.

Nevertheless, we cannot wait until it is too late. So, according to the principle of precautionary approach, we must take measures to reduce CO_2 or carbon emissions as a precaution against global warming even though there is no sufficient scientific evidence to show the causation. Of course, you may have a different opinion.

그럼에도 불구하고, 우리는 너무 늦게까지 기다릴 수는 없습니다. 그래서, 사전예방적 접근의 원칙에 따라, 비록 인과관계를 보여 주는 충분한 과학적 근거가 없음에도 불구하고, 우리는 지구 온난화에 대한 예방조치로서 이산화탄소 혹은 탄소의 배출을 줄이는 조치를 취해야 합니다. 물론, 당신은 (저와) 다른 의견을 가질 수도 있습니다.

Anyway, among those measures, I think a carbon tax is a good starting point, as I already argued in the presentation. Probably in a near future, we may discuss how to handle the issue of scientific uncertainty. However, unfortunately, today is not the day.

어쨌든, 프레젠테이션에서 이미 주장했듯이, 저는 그런 조치들 중에서는 탄소세가 좋은 출발점이라고 생각합니다. 아마도 가까운 미래에 우리가 과학적 불확실성의 문제를 어떻게 다룰 것인가에 대해 토론할 수도 있을 것입니다. 그러나, 안타깝게도, 오늘이 그날은 아닙니다.

Opinion Presentations

273

7-1 실전 연습 - 개요짜기

Conduct your own outlining for an opinion presentation.
의견 제시 프레젠테이션을 위한 여러분만의 개요짜기를 해보세요.

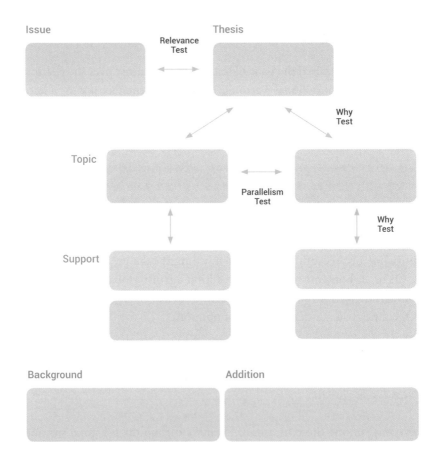

7-2 실전 연습 – 스크립트 쓰기

Prepare your own script for an opinion presentation.
의견 제시 프레젠테이션을 위한 여러분만의 스크립트를 준비하세요.

▶ **Introduction**

Background

_____

_____

_____

_____

Thesis

_____

_____

_____

Blueprint

_____

_____

_____

▶ Body 1

Topic

_____

_____

_____

Support

_____

_____

_____

_____

_____

▶ Body 2

Topic

_____

_____

_____

Support

_____

_____

_____

_____

_____

_____

▶ Conclusion

Thesis + Summary

_____

_____

_____

_____

Addition

_____

_____

_____

_____

7-3 실전 연습 - 예시 스크립트

Read the sample script for an opinion presentation.
의견 제시 프레젠테이션의 예시 스크립트를 읽으세요.

Globally, about 1.5 billion people, which is 20% of all human beings on Earth, communicate in English. More importantly, English is a *de facto* official language especially in academia and business. Do you want to be a global leader in your field? Then, it is necessary for you to study grammar whether you are a native or non-native speaker.

First, for a native speaker, grammar is a fine tuner. Only by living in an English-speaking community, you can experience the process of language acquisition. However, in order to communicate in more formal and standard English, you must improve or fine-tune your sentences by studying grammar, especially articles and agreement.

Next, for a non-native speaker, grammar is a basic tool. Only through the process of language learning, which is not natural but intentional, you can communicate in English. English words have their own unique meanings and grammatical functions. Grammar is a set of rules to explain these functions to make complete sentences.

In short, English grammar is necessary for both native and non-native speakers. Of course, to communicate in sentences, with the help of grammar, is not the end. Afterwards, you need to learn about logic, which is, simply put, a set of rules to organize sentences into paragraphs or passages, persuasively. Thank you for your attention.

7-4 실전 연습 – 개요짜기

Complete the outlining sheet, based on the sample script.
예시 스크립트에 근거해서, 개요짜기 시트를 완성하세요.

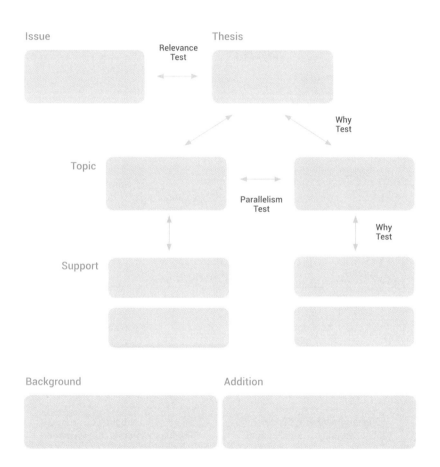

7-5 실전 연습 – 개요짜기 비교하기

Compare your own outlining sheet with the following one.
당신이 직접 작성한 개요짜기 시트를 아래의 것과 비교하세요.

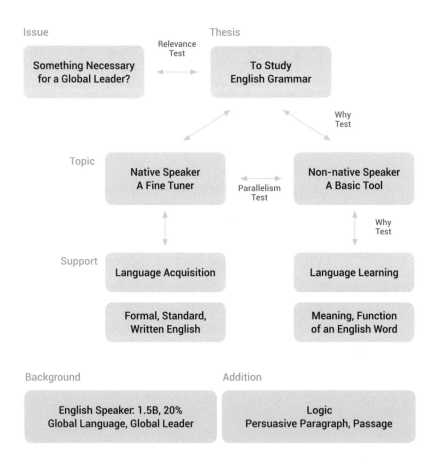

7-6 실전 연습 – 해석 살펴보기

Read carefully the following translation in Korean.
다음 한국어 번역을 꼼꼼하게 읽으세요.

전 세계적으로, 지구 상의 모든 인간들의 20%에 해당하는 약 15억 명의 사람들이 영어로 의사소통을 합니다. 더욱 중요하기로는, 특히 학문과 비즈니스 분야에서 영어는 사실상 공용어입니다. 당신의 분야에서 당신은 글로벌 리더가 되고 싶습니까? 그렇다면, 당신이 '모국어로 영어를 사용하는 사람'이든 혹은 '외국어로 영어를 사용하는 사람'이든 상관없이, 당신은 문법을 공부할 필요가 있습니다.

첫째로, '모국어로 영어를 사용하는 사람'에게, 문법은 미세 조정기입니다. 단지 영어를 사용하는 공동체에 사는 것만으로, 당신은 언어 습득의 과정을 경험할 수 있습니다. 그러나, 좀 더 정중하고 표준적인 영어로 의사소통을 하기 위해, 당신은 문법을, 특히 관사와 일치를 공부함으로써, 당신의 문장을 개선하고 미세 조정해야 합니다.

다음으로, '외국어로 영어를 사용하는 사람'에게, 문법은 기본 도구입니다. 오직, 자연스럽지 않고 의도적인, 언어 학습의 과정을 통해서만, 당신은 영어로 의사소통을 할 수 있습니다. 영어 단어는 (그것만의) 독특한 의미와 문법적 기능을 가지고 있습니다. 문법이란 완벽한 문장을 만드는 그러한 기능을 설명하는 규칙들의 집합입니다.

요컨대, 영어 문법은 '모국어로 영어를 사용하는 사람'과 '외국어로 영어를 사용하는 사람' 모두에게 필요합니다. 물론, 문법의 도움을 받아 문장으로 의사소통을 하는 것이 끝은 아닙니다. 나중에, 논리에 관해 배울 필요가 있습니다. 간단히 말해, 논리란 문장들을 문단 혹은 단락으로 설득력 있게 조합하는 규칙들의 집합입니다. 주목해 주셔서 감사합니다.

☑ 정확한 의미전달을 위해 편의상 'Native Speaker'는 '모국어로 영어를 사용하는 사람' 그리고 'Non-native Speaker'는 '외국어로 영어를 사용하는 사람'으로 각각 번역한다.

Expressions for Visuals

시각 자료
관련 표현

실제 현실에서는 슬라이드를 활용하여

영어 프레젠테이션을 진행하는 경우가 많다.

따라서, 도표, 그래프 등과 같은

다양한 시각 자료를 영어로 표현할 수 있어야 한다.

Expressions for Visuals

시각 자료 관련 표현

Look at the visuals closely and learn how to express them properly in English.
시각 자료를 꼼꼼하게 살펴보고, 영어로 적절히 표현하는 방법을 학습하세요.

Slide
슬라이드

A Sea Turtle Dying from Plastics

Picture
사진

Photo
사진

Image
이미지

[Source: Wild for Life]

Source
출처

Look at the picture on the slide. Can you see a dead sea turtle entangled in plastics? What a pity!

슬라이드 위의 사진을 보세요. 플라스틱에 얽어매여 죽어 있는 바다거북 한 마리가 보이시나요? 불쌍해라!

This photo was taken by an activist. The source of this image file is Wild for Life, a campaign of the UNEP.

이 사진은 한 활동가에 의해 찍혔습니다. 이 이미지 파일의 출처는 유엔환경계획의 캠페인인 와일드 포라이프입니다. (https://wildfor.life/fatal-attraction-turtles-and-plastic)

52%

of all the sea turtles have eaten plastics.

Annually

1,000

sea turtles die from eating plastics.

Do you know what percentage of sea turtles have eaten plastics? Surprisingly, it is 52 percent.

몇 %의 바다거북이 플라스틱을 먹은 적이 있는지 당신은 아십니까? 놀랍게도, 52%입니다.

Do you know how many sea turtles die from eating plastics annually? Surprisingly, the number is almost 1,000.

매년 얼마나 많은 바다거북이 플라스틱을 먹어서 죽는지 당신은 아십니까? 놀랍게도, 그 수가 거의 1천 마리입니다.

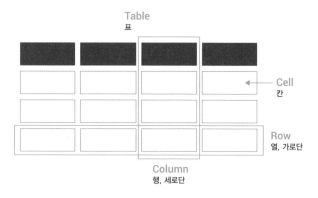

Look at the table. Each cell contains various data such as numbers, items and names. A column is a vertical series of cells. In contrast, a row is a horizontal series of cells.

표를 보세요. 각각의 칸에는 숫자, 항목, 이름과 같은 다양한 데이터가 담겨 있습니다. 행이란 칸들의 수직적 연속입니다. 이에 반해, 열이란 칸들의 수평적 연속입니다.

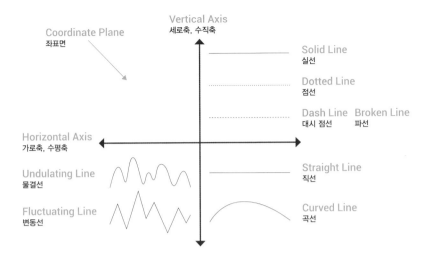

The coordinate plane is a 2-dimensional surface formed by 2 number lines. One number line is the vertical axis, and the other number line is the horizontal axis.

좌표면은 2개의 수직선으로 이루어진 2차원 표면입니다. 한 수직선은 세로축이고, 다른 수직선은 가로축입니다.

There are a variety of lines such as a solid line, a dotted line, a dash and a broken line. A straight line, a curved line, an undulating line and a fluctuating line show continuous changes over a period of time.

실선, 점선, 대시 점선(파선) 등과 같이 다양한 선이 있습니다. 직선, 곡선, 물결선 혹은 변동선은 일정 시간 동안의 지속적인 변화를 보여 줍니다.

Table 표

Korea's GDP & GNP by Year · Title / 제목

US $ (billion) · Unit / 단위

Year	2016	2017	2018	2019	2020
GNP	1,500	1,624	1,725	1,651	1,638
GNP	2,034	2,112	2,201	2,229	2,251

Row / 열, 가로단

[Source: World Bank] · Cell / 칸

Column / 행, 세로단

Please, look at the table, displayed on the screen, whose title is "Korea's GDP & GNP by Year". This is quoted from the World Bank. The unit is US $1 billion.

스크린에 보이는 "연도별 한국의 국내총생산 및 국민총생산"이라는 제목의 표를 한번 보세요. 이것은 세계은행으로부터 인용된 것입니다. 단위는 10억 (미국)달러입니다.

The first row shows the years from 2016 to 2020. The second row and the third row indicate Korea's GDP and GNP, respectively. On the other hand, the first column shows classes of data. The second column indicates the data in 2016.

첫 번째 열은 2016에서 2020년까지 연도를 보여 줍니다. 두 번째와 세 번째 열은 각각 한국의 국내총생산과 국민총생산을 보여 줍니다. 이에 반해, 첫 번째 행은 데이터의 클래스를 보여 줍니다. 두 번째 행은 2016년의 데이터를 보여 줍니다.

For example, a cell, located in row 2 and column 2, contains the number "1,500" which is US $1,500 billion, Korea's GDP in 2016.

예컨대, 2열 2행에 위치한 칸에는 "1,500"이라는 숫자가 담겨 있는데, 이것은 2016년 한국의 국내총생산 1조5천억 (미국)달러를 의미합니다.

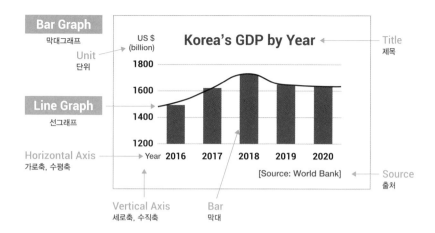

Please, look at the next slide. The title of this bar graph is "Korea's GDP by Year". If you connect the mid-points at the top of all the bars, you can draw a line graph to demonstrate the changes.

다음 슬라이드를 한번 보세요. 이 막대그래프의 제목은 "연도별 한국의 국내총생산"입니다. 만약 모든 막대의 꼭대기 중간점들을 연결한다면, 당신은 변화를 보여 주는 선그래프를 그릴 수 있습니다.

My research team made the 2 graphs based on the data from the World Bank. The horizontal axis shows the years from 2016 to 2020. The vertical axis indicates Korea's GDP in US $ billion.

저희 연구팀은 세계은행의 데이터에 기반해서 2개의 그래프를 만들었습니다. 가로축은 2016년부터 2020년까지의 연도를 보여 줍니다. 세로축은 10억 (미국)달러 단위로 표시된 국내총생산을 보여 줍니다.

As you see, Korea's GDP steadily increased until reaching its peak in 2018, which was a little more than US $1,700 billion. However, in 2019, especially due to the global spread of COVID-19, Korea's GDP declined to the level of about US $1,650 billion.

보시는 바와 같이, 한국의 국내총생산은 2018년 1조7천억 (미국)달러를 조금 넘는 최고치에 도달할 때까지 끊임없이 증가했습니다. 그러나, 특히 코로나-19의 전 세계적 확산으로 인해, 2019년에는 한국의 국내총생산이 약 1조6천5백만 (미국)달러 수준으로 감소했습니다.

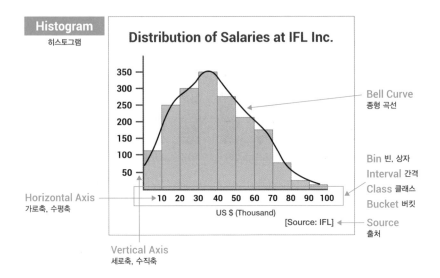

A histogram displays a set of continuous data by grouping them into bins of equal width. The term 'interval', 'class' or 'bucket' is also used instead of bin. A histogram demonstrates a distribution of data.

히스토그램은 동일한 폭을 가진 빈으로 무리 지어진 일단의 연속된 데이터를 보여 줍니다. '간격', '클래스' 혹은 '버킷'이라는 용어가 '빈' 대신 쓰이기도 합니다. 히스토그램은 데이터의 분산을 보여 줍니다.

Look at the histogram titled "Distribution of Salaries at IFL, Inc." The horizontal axis shows a series of bins at intervals of US $10,000 from US $0 to US $100,000 salaries. The vertical axis indicates the number of employees in each bin.

"(주)IFL 연봉 분포"라는 제목의 히스토그램을 보세요. 가로축은 0부터 10만 (미국)달러 연봉까지 1만 (미국)달러 간격으로 있는 빈의 연속을 보여 줍니다. 세로축은 각각의 빈에 속하는 근로자의 수를 보여 줍니다.

The bin of US $30,000~40,000 salaries is the largest, totaling 350 employees. As a whole, the bell curve represents a little bit right-skewed distribution with a long right tail.

3만에서 4만 (미국)달러 연봉에 해당하는 빈에 속하는 근로자의 수가 가장 많은데, 총 350명입니다. 전체적으로, 종형 곡선은 긴 오른쪽 꼬리를 가지고 있는 다소 오른쪽으로 비스듬한 분포를 보여 줍니다.

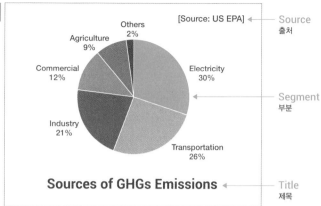

A pie chart, or a circular chart, is divided into segments or slices in order to display relative proportions of multiple classes of data. Compared with other graphs, a pie chart is visually much simpler.

원그래프는 여러 가지 데이터 클래스의 상대적 비율을 보여 주기 위해 부분으로 나누어집니다. 다른 그래프들과 비교하면, 원그래프가 시각적으로 훨씬 더 단순합니다.

Let me explain about the sources of GHGs emissions, based on a report by the US EPA. Can you guess which source makes up the biggest part of GHGs emissions? It is electricity. As you can see, the biggest segment of the pie chart is electricity, taking up 30% of all the sources.

미국 환경보호청의 한 보고서에 근거해서, 온실가스 배출원에 대해 설명해 보겠습니다. 가장 큰 온실가스 배출원이 무엇인지 추측할 수 있겠습니까? 바로 전기입니다. 보시는 바와 같이, 원그래프의 가장 큰 부분이 전기인데, 전체 배출원의 30%를 차지합니다.

The segment of agriculture is much smaller than that of transportation. The former is only 9%, and the latter is 26%.

농업을 표시하는 부분은 교통을 표시하는 부분에 비해 훨씬 더 작습니다. 전자는 단지 9%이고, 후자는 26%입니다.

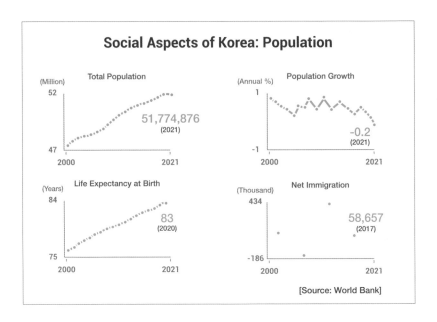

Today, I want to make a presentation on social aspects of Korea, especially focusing on population. Let me explain the current situations by referring to 4 social indicators issued by the World Bank.

오늘 저는 특히 인구에 초점을 두고, 한국의 사회적 측면에 대해 프레젠테이션을 하고 싶습니다. 세계은 행이 발간한 4가지 사회적 지표에 의거하여, (한국의) 현재 상황을 설명해 보겠습니다.

As of 2021, the total population of Korea was 51,744,876. The line graph in the top left corner of the slide shows that the population reached its peak in 2020 and then declined in 2021.

2021년 기준, 한국의 전체 인구는 51,744,876명이었습니다. 슬라이드의 왼쪽 상단에 있는 선그래프는 (한국의 전체) 인구가 2020년에 최고점에 도달했고, 그 다음 2021년에는 감소했음을 보여 줍니다.

Such a trend of population decline is reconfirmed by another line graph in the top right corner of the slide. As you can see, in 2021, Korea's annual population growth rate dropped to the level of -0.2%.

그러한 인구 감소 경향은 슬라이드의 오른쪽 상단에 있는 또 다른 선그래프에 의해서 재확인됩니다. 보 시는 바와 같이, 2021년에 한국의 연간 인구 성장률은 -0.2% 수준으로 떨어졌습니다.

According to the line graph in the bottom left corner of the slide, Korea's life expectancy at birth has steadily increased for the past several decades and consequently reached 83 years in 2020.

슬라이드의 왼쪽 하단에 있는 선그래프에 따르면, 지난 수십 년 동안 한국의 출생 시 기대 수명은 지속적으로 증가해서, 결국 2020년에는 83세에 도달했습니다.

As a result, Korea has experienced the most rapid process of social 'aging' in the world. In 2017, Korea became an 'aged society' with the population over 65 taking up 14.02% of the total population.

결과적으로, 한국은 전 세계에서 가장 빠른 사회적 '고령화' 과정을 경험했습니다. 2017년에, 65세 이상 인구가 전체 인구의 14.02%를 차지함으로써, 한국은 '고령 사회'가 되었습니다.

One of the solutions for 'aging' is to attract young immigrants from all over the world. However, as shown on the chart in the bottom right corner, the net immigration in 2017 was only 58,657 people.

고령화에 대한 해결책 중 하나는 전 세계로부터 젊은 이민자들을 유치하는 것입니다. 그러나, 오른쪽 하단에 있는 차트에서 보는 바와 같이, 2017년 순 이민은 단지 58,657명뿐이었습니다.

영어 프레젠테이션은

단어, 구, 문장, 문단의 차원을 넘어

단락 차원에서 이루어지는

논리적 말하기 형식의 의사소통이다.

Epilogue

지금까지 자기소개, 설득, 설명, 동기 부여, 의견 제시라는 5가지 대표적인 소재를 활용하여 작성된 구체적인 예시를 통해 영어 프레젠테이션이 과연 무엇인지, 어떻게 연습해야 하는지, 그리고 자신만의 프레젠테이션에 어떻게 도전해야 하는지를 살펴보았다. 또한, 실제 현실에서 빈번하게 벌어지는 도표, 그래프 등과 같은 시각 자료를 활용한 프레젠테이션을 진행할 때 필요한 영어 표현도 정리했다. 요컨대, 영어 프레젠테이션이란 형식적 측면에서는 (단어Word, 구Phrase, 문장Sentence, 문단Paragraph의 차원을 넘어) 단락Passage 차원에서 이루어지는 말하기Speaking 형식의 의사소통이고, 실체적 측면에서는 (최소한 2개의 소주제Topic 및 각 소주제에 대한 충분한 근거Support와 함께) 자신의 논지Thesis를 청중에게 전달하는 것이다.

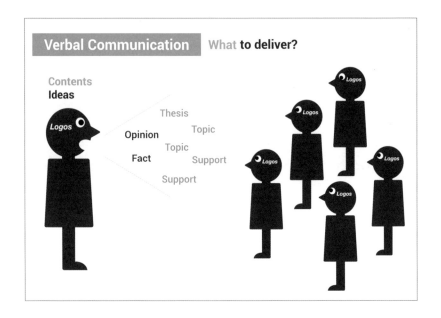

결국, 이 책의 주제인 영어 프레젠테이션의 본질은 논리적 말하기Speaking Logically 즉, 의사소통Communication이다. 의사소통의 방법은 크게 언어적Verbal 의사소통과 비언어적Nonverbal 의사소통으로 구분된다. 이 두 가지 방법을 동시에 그리고 올바르게 수행해야지만, 비로소 청중을 설득Persuasion할 수 있는 효과적인 의사소통이 완성된다. 먼저, 언어적 의사소통은 자신이 준비한 콘텐츠Contents와 생각Ideas을 언어 혹은 말이라는 수단에 담아 청중에게 전달하는 것이다. 즉, '무엇What을 전달할까?'에 초점을 둔 논리적 의사소통이 그 핵심이다. 영어 프레젠테이션의 경우, 자신이 준비한 주관적 의견Opinion과 그것을 뒷받침해 줄 수 있는 객관적 사실Fact을, 좀 더 정확하게는 어떤 이슈에 대한 자신의 논지, 소주제, 근거를 각각 전달하는 것이다.

다음으로, 비언어적 의사소통이란 언어 혹은 말에는 담을 수 없는 감정Feelings을 비언어적 수단을 통해 전달하는 것이다. 자신이 준비한 콘텐츠와 생각을 '긍정적 감정'에 담아 전달함으로써, 청중으로부터 공감을 이끌어 내는 것이 그 목적이다. 결국, 비언어적 의사소통은 '무엇을 전달할까?'가 아니라 '어떻게How 전달할까?'라는 질문에 그 초점이 맞추어져 있다. 즉, 전달Delivery 그 자체가 비언어적 의사소통의 핵심이다. 언어

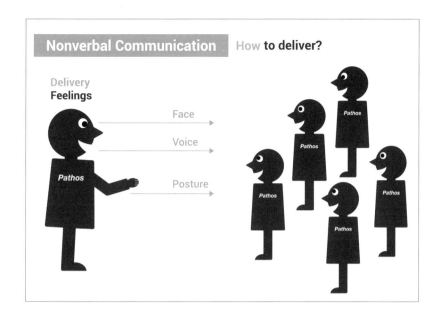

에 담긴 논리Logic를 활용하여 청중의 이성Logos에 호소하는 언어적 의사소통과 달리, 비언어적 의사소통은 비언어적 수단을 활용하여 청중의 감성Pathos에 호소하는 것이다. 비언어적 의사소통이 성공적으로 수행된 경우, 청중은 심지어 그 이유도 정확하게 모른 채 화자Speaker에 대해 무의식적으로 공감하게 된다.

비언어적 의사소통의 중요성은 현실적으로 매우 크다. 왜냐하면 평범한 보통 사람들은 이성보다 감성에 더 큰 영향을 받기 때문이다. 그렇다면 비언어적 의사소통 방법은 무엇일까? 첫째, 음성Voice이다. 가장 중요한 것은 목소리의 크기Volume인데, 자신이 생각하기에 적절한 목소리 크기보다 최소 3배 이상 크게 발성하는 것이 바람직하다. 왜냐하면 화자의 입에서 귀까지의 거리보다 화자의 입에서 청중의 귀까지의 거리가 훨씬 더 멀기 때문이다. 또한 자신이 발성하기에 편안한 음Tone보다 한 옥타브Octave 더 높은 음, 이상적으로는 '솔Sol'을 중심으로 잡고 억양Intonation을 살려서 발성하는 것이 바람직하다. 왜냐하면 높은 음을 발성하는 화자는 불편하지만, 그것을 듣는 청중은 경쾌하고 긍정적인 느낌을 갖게 될 가능성이 매우 크기 때문이다.

둘째, 표정Face이다. 반드시 미소 짓기Smiling와 시선 맞추기Eye-contacting를 동시에 진행해야 한다. 특히, 시선 맞추기는 비언어적 의사소통에서 가장 중요한 부분이다. 왜냐하면 생각Ideas은 주로 말을 통해 청중의 귀로 전달되지만, 감정Feelings은 대부분 시선 맞추기를 통해 청중의 눈으로 전달되기 때문이다. 셋째, 자세Posture이다. 사소한 자세의 차이가 화자의 전체적인 느낌에 매우 큰 변화를 만들어 낸다. 좀 더 밝고 긍정적인 느낌을 전달하기 위해서는 '몸 전체를 똑바로 세운 채 약 10도 정도 앞으로 기울이는 자세Forward Posture'가 좋다. 또한, 팔, 손가락 등의 관절은 살짝 오므리는 것이 훨씬 더 자연스럽다. 결국, 청중으로부터 보다 큰 공감을 이끌어 내기 위해서는, 마치 연극 무대 위에 홀로 선 배우처럼 음성, 표정, 자세 등을 끊임없이 연습해야 한다.

이로써, 이 책을 통해 독자들에게 전달하고 싶은 필자의 이야기는 모두 마무리되었다. 이 책이 '영어 프레젠테이션'에 대한 독자 여러분의 이해와 연습, 그리고 도전에 조금이라도 도움이 되는 '절대 공식'이 될 수 있기를 진심으로 바란다. 좀 더 깊이 있는 공부를 원하는 독자들에게는 필자의 이전 졸저들에 대한 일독을 추천한다. 출판 시장의 어려운 여건 속에서도 필자의 집필 의도에 공감하고 기꺼이 출판을 맡아주신 (주)도서출판 길벗의 모든 관계자분들께 진심으로 감사의 인사를 드린다. 혹여 있을 수도 있는 사소한 실수들과 부족한 점들은 오로지 필자의 능력 부족이니, 독자들의 너그러운 양해를 부탁드린다. 끝으로, 모든 독자들 한 사람 한 사람이 영어 프레젠테이션의 재미에 흠뻑 빠져들기를 두 손 모아 진심으로 기원한다.

2023년 2월 연구공간 자유에서
(www.TheInstituteForLiberty.com)

이상혁

비언어적 의사소통의 중요성은

현실적으로 매우 크다.

왜냐하면 보통 사람들은

이성보다 감성에 더 큰 영향을 받기 때문이다.

🖋 Key Terms 주요 용어

Addition 추가
Additional Statement 추가 진술
Audience 청중
Background 배경
Background Statement 배경 진술
Bar 막대
Bar Graph 막대그래프
Bell Curve 종형 곡선
Bin 빈
Blueprint 소주제 소개
Blueprint Statement 소주제 소개문
Body 본론
Brainstorming 브레인스토밍하기
Broken Line 파선
Bucket 버킷
Cell 칸
Challenge 도전하다
Circular Char 원그래프
Class 클래스
Column 행, 세로단
Communication 의사소통
Conclusion 결론
Connective 연결어
Contents 콘텐츠, 내용물
Coordinate Plane 좌표면
Curved Line 곡선
Delivery 전달
Distribution 분산
Dash Line 대시 점선
Dotted Line 점선
Epilogue 맺으며

Expository Presentation
설명 프레젠테이션
Expression 표현
Eye-contacting 시선 맞추기
Face 표정, 얼굴
Facial Expression 표정
Fact 사실
Feeling 감정
Fluctuating Line 변동선
Form 형식
Global Language 세계어
Grammar 문법
Histogram 히스토그램
Horizontal Axis 가로축, 수평축
How 어떻게
Idea 생각
Image 이미지
Image File 이미지 파일
Interval 간격
Intonation 억양
Introduction 서론
Introductory Presentation
자기소개 프레젠테이션
Issue 이슈, 문제, 의제
Keynote 기조연설, 키노트 (프로그램)
Line Graph 선그래프
Lingua Franca 링구아 프랑카
Logic 논리
Logos 이성, 로고스
Motivational Presentation
동기 부여 프레젠테이션

Nonverbal Communication
비언어적 의사소통

Number 수, 숫자

Opinion 의견

Opinion Presentation
의견 제시 프레젠테이션

Outlining 개요짜기

Paragraph 문단

Parallelism Test 균형성 평가

Passage 단락

Pathos 감성, 파토스

Percent 퍼센트, 백분

Percentage 백분율, 비율

Persuasive Presentation
설득 프레젠테이션

Photo 사진

Phrase 구

Picture 사진

Pie Chart 원그래프

Posture 자세

PowerPoint 파워포인트 (프로그램)

Practice 연습하다

Presentation 프레젠테이션

Prologue 들어가며

Q&A 질문과 답변

Reasoning 논증

Reasoning Test 논증성 평가

Relevance Test 연관성 평가

Rhetoric 수사학

Row 열, 가로단

Screen 스크린, 화면

Script 대본

Segment 부분

Sentence 문장

Slice 부분

Slide 슬라이드

Smiling 미소 짓기

Source 출처

Speaker 화자

Speaking 말하기

Straight Line 직선

Solid Line 실선

Substance 실체

Summary 소주제 요약

Summary Statement 소주제 요약문

Support 근거

Supporting Sentence 근거 문장

Table 표, 목록

Thesis 논지

Thesis Statement 논지 진술

Title 제목

Tone 음, 어조

Topic 소주제

Topic Sentence 소주제문

Trivium 삼학

Understand 이해하다

Understanding 이해하기

Undulating Line 물결선

Unit 단위

Verbal Communication
언어적 의사소통

Vertical Axis 세로축, 수직축

Visual 시각 자료

Voice 음성

Volume 음량, 목소리의 크기

What 무엇을

Why Test 논증성 평가

Word 단어

영어회화 핵심패턴 233
영어회화 핵심패턴 233 중고급편

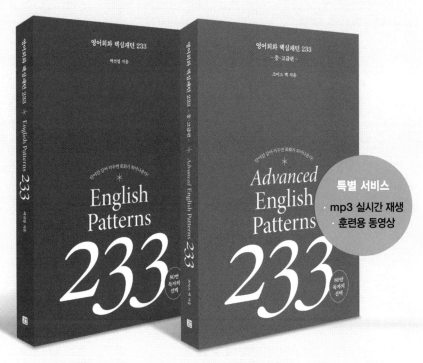

백선엽 지음 | 352쪽 | 18,000원   조이스백 지음 | 372쪽 | 18,000원

80만 독자가 선택한 20년 연속 베스트셀러

233개 패턴에 단어만 갈아 끼우면 회화가 튀어나온다!

	기본편		중고급편			기간	1일 1패턴 233일
난이도	첫걸음	초급	중급	고급			

대상	패턴 학습으로 영어를 편하게 습득하고 싶은 분, 영어 학습을 습관화 하고 싶은 분	**목표**	툭 치면 원하는 영어 표현이 바로 나오는 상태